758

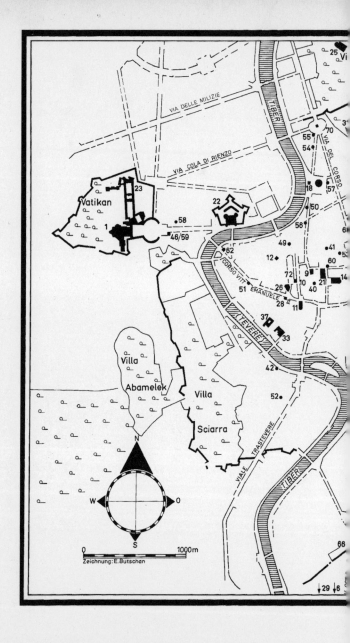

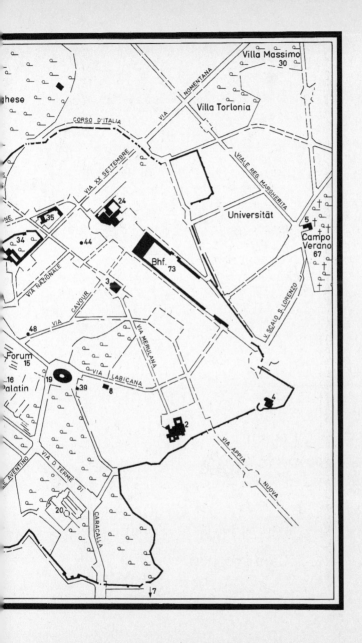

Die Sieben Hauptkirchen

1. S. Pietro in Vaticano (St. Peter)
2. S. Giovanni in Laterano
3. S. Maria Maggiore
4. S. Croce in Gerusalemme
5. S. Lorenzo fuori le mura
6. S. Paolo fuori le mura
7. S. Sebastiano ad Catacumbas

Andere wichtige Kirchen

8. S. Clemente
9. S. Eustachio
10. S. Ivo
11. S. Andrea della Valle
12. S. Maria della Valle
13. S. Trinità dei Monti
14. S. Maria sopra Minerva

Antike Denkmäler

15. Forum
16. Palatin
17. Capitol
18. Ara Pacis
19. Colosseum
20. Caracalla-Thermen
21. Pantheon
22. Engelsburg (Grabmal Kaiser Hadrians)

Museen

(auch 17) Capitolinisches Museum und Conservatorenpalast
23. Vaticanische Museen
(auch 1) Sabrinti von S. Pietro in Vaticano
24. Thermen-Museum
25. Museum der Villa Giulia
26. Museo di Roma
27. Keats-Shelley-Memorial
28. Museo Barracco
29. Museo della Civiltà Romana
30. Villa Massimo
31. Villa Medici
32. Villa Borghese (und Museum)
33. Palazzo Farnese
34. Quirinals-Palast
35. Palazzo Barbarini
36. Palazzo Doria
37. Palazzo Spada

Gastronomie

38. Caffè Greco
39. Caffè Martini
40. Bar Sant' Eustachio
41. »Bar Fortunato«
42. »Umberto«
43. »Sole al Pantheon«
44. »Quirinale«
45. »Hassler –Villa Midici«
46. »Columbus«
47. »Inghilterra«
48. »Forum«
49. »Portoghesi«
50. »Campana«
51. »Papok«
52. »Arco di Callisto«
53. »Piccola Roma«
54. »AlbanoVecchio«
55. »Rosati«
56. »Alfredo« (Via della Scrofa)
57. »Alfredo« (Augusto Imperatore)
58. »Alfredo« (Vaticano)
59. »Pierdonati«
60. »Tazza d'Oro«
61. »Babington's Tea Room«
62. »Biancaneve«

Sonstige Monumente und Sehenswürdigkeiten

63. Vittoriale (»Schreibmaschine«)
64. Fontana Trevi
65. Spanische Treppe (und Piazza di Spagna)
66. Cimitero acattolico (und Cestius-Pyramide)
67. Campo Verano (Friedhof)

Praktische Hinweise, Straßen, Plätze

68. Via del Corso
69. Piazza Venezia
70. Piazza del Popolo
71. Hauptpost und Telefonamt (Piazza S. Silvestro)
72. Piazza Navona
73. Bahnhof Roma Termini

Über das Buch:
Romführer gibt es viele. Wenn Herbert Rosendorfer jedoch zum Cicerone durch Rom wird, ist ein besonderes Erlebnis zu erwarten. Rosendorfer ist in dieser Stadt, die er wie ein langjähriger Liebhaber kennt und sich buchstäblich mit Kopf, Herz und Füßen »geläufig« gemacht hat, in seinem Element. Die Lust, Orte und Zeiten überraschend zu verbinden, Gegenwart durchsichtig und Geschichte aktuell zu machen, begleitet ihn auch hier auf Schritt und Tritt. Scheinbar ziellos folgt der Leser den Plaudereien, die aus lauter Abschweifungen bestehen. Aber in Rom führen alle Wege nach Rom, und unvermittelt findet man sich immer wieder auf dem imaginären Platz: *Piazza della storia di Roma.*

Für die Neuausgabe hat Herbert Rosendorfer Ergänzungen und Korrekturen vorgenommen. Er setzt aktuelle Wegweiser, erkundet historische Seitengassen und baut den reizvollen Boulevard der Anekdoten zum Vergnügen der Leser aus. Gespickt mit Kenntnissen und Ratschlägen zum Leben und Genießen in der Ewigen Stadt, die laut Rosendorfer nicht nur *die Stadt*, sondern *eine Welt* ist, möchte der Leser dieser launigen Einladung am liebsten sofort aufbrechen und Goethe folgen: »Auf Rom bereite man sich am besten in Rom vor.«

Über den Autor:
Herbert Rosendorfer, 1934 in Bozen geboren, 1939 mit den Eltern nach München umgezogen, studierte an der Akademie der Bildenden Künste, wechselte danach zum Jurastudium. Seit 1969 zahlreiche Romane und Erzählungen. Lebt als pensionierter Richter am Oberlandesgericht in Südtirol.

Weitere Titel bei K&W:
Die Nacht der Amazonen, Roman, 1989. *Mitteilungen aus dem poetischen Chaos*, Römische Geschichten, 1991. *Die Goldenen Heiligen oder Columbus entdeckt Europa*, Roman, 1992. *Ein Liebhaber ungerader Zahlen*, Roman, 1994. *Kadon, ehemaliger Gott*, Roman, 2001.

Herbert Rosendorfer
Rom

Eine Einladung

Kiepenheuer & Witsch

1. vollständig bearbeitete Neuausgabe 2003
© 2003 by Verlag Kiepenheuer & Witsch, Köln
Alle Rechte vorbehalten. Kein Teil des Werkes darf in irgendeiner Form
(durch Fotografie, Mikrofilm oder ein anderes Verfahren)
ohne schriftliche Genehmigung des Verlages reproduziert
oder unter Verwendung elektronischer Systeme verarbeitet,
vervielfältigt oder verbreitet werden.
Umschlaggestaltung: Barbara Thoben, Köln
Umschlagfoto: © photonica/Allan Montaine
Satz: Pinkuin Satz und Datentechnik, Berlin
Druck und Bindearbeiten: Clausen & Bosse, Leck
ISBN 3-462-03237-2

Meinem römischen Freund
Dr. Wilhelm Krammer
gewidmet

Das Besondere an Rom ist, daß es immer *Die Stadt* war. Die sonstigen Moden wechseln. Einmal ist New York, dann London, bei dem einen Amsterdam und bei dem anderen Bangkok *en vogue*. Das kommt und geht, Rom aber bleibt die Hauptstadt, die Seele, der Mittelpunkt der Welt: *die Stadt*, die Stadt schlechthin. *Urbs* sagten die alten Römer. *Urbs* mit Zusatz bedeutete irgendeine andere Stadt, *urbs* allein nur Rom.

Rom wurde im Jahre 753 vor Christi Geburt gegründet, so will es die Legende, so glaubte es schon Tacitus; das heißt: Rom wurde natürlich im *Jahr I* gegründet. Die Römer zählten *a.u.c.*: ab urbe condita – ab der Gründung der Stadt, und zwar noch lang bis ins VIII. Jahrhundert n. Chr. hinein. Vor der Gründung Roms war nichts oder jedenfalls nicht viel. Mit der Gründung Roms beginnt das Weltalter der Vollendung, und deren Hauptstadt ist Rom – Roma aeterna, die Ewige Stadt, Urbs. Das Gründungsdatum war übrigens schon im Altertum umstritten, es schwankte zwischen 746 und 753 v. Chr., aber das Datum 753 setzte sich als »Natalis urbis« (Geburtstag der Stadt) mit der Zeit durch, und so feierte im Jahre 248 n. Chr. der Kaiser Philippus mit dem seine Fragwürdigkeit bezeichnenden Beinamen »Arabs« (einer der zwielichtigsten Soldatenkaiser) das Millennium, das 1000-Jahr-Jubiläum. Das 2000-Jahr-Jubiläum wäre ins Jahr 1248 gefallen. Damals regierte einer der politisch maßlosesten Päpste: Innozenz IV. (1243–1254). Seine Regierungszeit war ausgefüllt mit Kämpfen gegen den Staufer. Der Papst setzte den Kaiser ab, der Kaiser bestritt dem Papst das Recht, einen Kaiser abzusetzen. Die Kreuzzugsidee begann zu pervertieren, die Ungläubigen eroberten Jerusalem: eine turbulente Zeit. Die Stadt Rom war zerfallen und entvölkert, lag in ihrer tiefsten Erniedrigung; von einem 2000-Jahr-Jubiläum ist nichts überliefert. Wahrscheinlich hat gar niemand an dieses Datum gedacht. Im Jahr 2248 wird es anders sein, aber das wird weder der heutige Leser noch der Autor erleben – vielleicht auch die Stadt Rom nicht. Wenn es stimmt, daß durch den Treibhauseffekt und das Abschmelzen der Polkappen das Meer um 10 oder 20 Meter steigt, dann wird Rom zu seinem 3000. Gründungstag eine Unterwasserwelt sein, denn es liegt nur 13 m über Seehöhe. Der Geburtstag der Stadt wird übrigens am 21. April gefeiert, ein Datum, das der gebildete Vielschreiber und Polyhistor M. Terentius Varro (116–27 v. Chr.) auf sehr krummen Wegen errechnet hat.

753 v. Chr.: Wer sich die Reihenfolge dreier aufeinanderfolgender ungerader Zahlen von 7 abwärts merken kann, behält auch das legendäre Gründungsdatum Roms im Kopf. 7 behält man leicht, wenn man an Rom denkt. Die heilige Zahl spielt in der Heiligen Stadt oft eine Rolle: Sie ist auf den berühmten Sieben Hügeln erbaut – von denen noch die Rede sein muß –, und die Sieben Hauptkirchen, die auch noch erwähnt werden, sind das Ziel der frommen Rombesucher, sollten es zumindestens sein. Die Jahreszahl ist, wie erwähnt, le-

gendär. Der archäologische Befund allerdings, die Datierung der ausgegrabenen Gebäudereste am Südabhang des Palatins – unter ihnen die sog. »Hütte des Romulus« –, deutet aber tatsächlich auf das VIII. Jahrhundert vor Christus, und so scheint also auch in dieser Legende ein historischer Kern zu stecken.

Rom, *Roma*, leitet, hieß es schon in der Antike, seinen Namen vom Gründer Romulus, dem ersten König von Rom, ab. Wer das Museum des Conservatorenpalastes auf dem Capitol besucht, was unbedingt lohnend ist, findet dort die weltberühmte, vieltausendmal abgebildete *Lupa Capitolina*, die Capitolinische Wölfin, eines der Wahrzeichen Roms. Die Bronzeplastik gilt heute als (möglicherweise etruskische) Arbeit des VI. oder V. Jahrhunderts v. Chr. Die beiden Zwillinge, die die Wölfin säugt, wurden in der Renaissance von Antonio Pollaiuolo (um 1490) angefügt. Ich rechne Pollaiuolo (gelegentlich findet man auch die Schreibweise: Pollaiolo) zu den bedeutendsten Bildhauern Roms neben Michelangelo und Bernini, obwohl der gebürtige Florentiner in Rom nur mit drei Arbeiten vertreten ist: dem Sixtusgrab in der Sakristei von St. Peter, dem Innozenz-Monument im linken Seitenschiff von St. Peter (von beiden wird noch zu reden sein) und eben den nachträglich eingefügten Zwillingen der Lupa Capitolina. Bei diesen Zwillingen handelt es sich um Romulus und Remus, die die Königstochter Rhea Silvia aus Alba Longa (in den Albaner Bergen, dort fahren heute im Sommer die Römer hin, wenn es in der Stadt zu heiß wird) nach einer Vergewaltigung durch den Gott Mars geboren hatte. Rhea Silvia setzte die Neugeborenen aus, aber Gott Mars ließ natürlich seine illegitimen Söhne nicht verkommen und schickte eine säugende Wölfin, die die Knaben nährte. (Die Sage ist übrigens erst seit dem III. Jahrhundert v. Chr. nachzuweisen.) Später wurden sie von dem Hirten Faustulus und seiner Frau Acea Larentia (oder Larentina) aufgezogen. Schon in der Antike tauchte die ernüchternde Deutung dieser Sage auf: Diese Acea Larentina sei, bevor sie den Hirten Faustulus geheiratet habe und tugendsam geworden sei, eine Dirne gewesen: eine *lupa*. So erkläre sich die unglaubwürdige Geschichte mit der Wölfin. Wieviel historische Wahrheit in dieser Sage steckt, werden wir wohl nie erfahren, und es sei dem, wie ihm wolle: Am 21. April 753 v. Chr. beschlossen die zu Jünglingen gewordenen Romulus und Remus, eine Stadt zu gründen. Remus stieg auf den Aventin, Romulus auf den Palatin. Sie vereinbarten: Wer *mehr* Vögel sieht, wird Herrscher der Stadt. Remus sah sechs Geier, über Romulus' Palatin aber flogen zwölf: Das ist das *augurium maximum*. Das Augurium, die Vogelschau, galt den Römern neben der Eingeweideschau der getöteten Opfertiere als wichtigstes Mittel, Hinweiszeichen der Götter, günstige oder ungünstige Vorbedeutungen zu erfahren usw., also alles das, wofür heute die Astrologie oder die Demoskopie gut ist. Es gab ein ausgeklügeltes System an Auguria und die eigene Priesterkaste der Auguren, die sich – wie anders – von Romulus, der die zwölf Geier gesehen hat, herleitete. Die Auguren genossen großes Ansehen, aber sie waren auch Ziel des Spottes von nüchternen Zweiflern. Schon Cato vermutete, daß die Auguren sich das Lachen verbeißen müßten, wenn sie einander auf der Straße begegnen. Die

Auguren, die auf Kosten der Abergläubischen leben, zwinkern sich zu. Manche meinen, das Augurenlächeln sei noch heute in Rom zu beobachten. Die Auguren heißen heute, sagen sie, Monsignori. Schließlich hat auch Papst Leo I. (440–461) einen heidnischen Priestertitel übernommen, und seitdem führen ihn alle Päpste: Pontifex maximus. So hieß der höchste römische Priester. Cäsar war Pontifex maximus, und von Augustus an führten alle Kaiser diesen Titel bis zu Gratianus (378). Der schon genannte Varro meinte, Pontifex käme von *pons* = Brücke und *facere* = machen, bedeute also: Brückenmacher, eine schöne Etymologie, die die Päpste natürlich gern hören – sie bauen Brücken für die Seelen ins jenseitige Paradies. Die Etymologie stimmt aber nicht. Das Wort kommt wahrscheinlich von einem anderen *pons*, was Pfad bedeutet. Der Pontifex maximus wäre also dann der Große Pfadfinder. Auch schön.

Zurück zum 21. April 753: Romulus hatte gesiegt. Er baute seine Stadt auf dem Palatin. Er nahm einen Pflug und furchte ein Quadrat: den Umfang der Stadt und den Verlauf der Stadtmauer. Dort, wo in der Mauer ein Tor sein sollte, unterbrach Romulus die Furche, indem er den Pflug ein Stück *trug*. Tragen heißt auf lateinisch *portare*, und daher heißt Tor *porta*. (Leider ist auch diese Ableitung fragwürdig, aber sie ist zu schön, um unterdrückt zu werden.) Im Lauf des Tages – das neue Rom, dieses Viereck: *Roma quadrata* war nicht sehr groß – führte Romulus dann die Stadtmauer auf. Remus, der seinem Bruder zeigen wollte, wie lächerlich diese Mauer ist, sprang höhnisch drüber. Da erschlug Romulus den Remus. Es war der erste politische Mord in Rom. Es sollten unzählige folgen, denen Kaiser, Consuln, Senatoren, Päpste, Bischöfe, Patrizier, Barone, Generäle, Revolutionäre, schöne Frauen, alte Hexen, junge Cavaliere und greise Gelehrte zum Opfer fallen sollten. Der letzte ist heute sicher noch nicht begangen. Wollte man alle Namen der Mordopfer hintereinander schreiben, reichte dazu vielleicht nicht einmal die Aurelianische Mauer; das ist die immer noch an vielen Stellen aufragende mächtige Stadtmauer, die Kaiser Aurelian und seine Nachfolger 280–289 n. Chr. errichtet haben und die 18 837 m lang ist. (Aurelian selber gehört auch in die Liste der Opfer. Er wurde von seinem Sekretär Eros ermordet.) Keinesfalls aber die weit kürzere Servianische Mauer (auch von ihr sind, zum Beispiel am Aventin, noch Reste zu sehen), die angeblich vom sechsten König von Rom, Servius Tullius, in Wirklichkeit aber zu Anfang des IV. Jahrhunderts v. Chr. aufgeschichtet wurde. Sie war 11 km lang. Von der Mauer der Roma quadrata droben auf dem Palatin freilich ist nichts mehr zu sehen. In allerjüngster Zeit wurde allerdings am Fuß des Palatins auf der Forumseite gegraben, und in der Nähe des Titusbogen sind Reste gefunden worden, die sich vielleicht der Roma quadrata zuordnen lassen könnten.

Rom, Roma: Die wirkliche Herkunft des Namens ist strittig. Nur daß er nicht von Romulus kommt, darüber sind sich die Gelehrten einig. (Es ist vermutlich so, daß die Sage aus dem Namen der Stadt den ihres angeblichen Gründers gebildet hat.) Uneinig ist man sich darüber, ob der Name eine lateinische oder eine etruskische Wurzel hat; die einen sagen, es bedeutet »Stadt des Flusses«, die anderen: Es komme vom etruskischen Familiennamen Ruma. Es sei dem wieder, wie ihm wolle: Am Anfang, als einer, den wir halt doch Romulus nennen wollen, die Roma quadrata erbaute, war die Gegend an der doppelten Tiberschleife eine ungesunde Sumpflandschaft. (Ungesund ist sie heute noch, Sumpf nur im politischen oder moralischen Sinn, aber das auch nicht mehr als anderswo.) Aus ihr ragten einige relativ trockene, bewaldete Hügel: die *Sieben Hügel Roms*.

Die Frage danach, wie die Sieben Hügel heißen und überhaupt: wieviel Sieben Hügel (acht? zwölf? vierzehn?) es gibt, wird nicht nur alle Römer, die in der Regel ihre Stadt überhaupt nicht kennen (fragen Sie nie einen Carabiniere nach einer Sehenswürdigkeit), sondern auch jeden Kenner Roms, vor allem aber jeden Altertumswissenschaftler und jeden Archäologen in Verlegenheit bringen. Die gängige Aufzählung beginnt mit dem Capitol, dann folgen jenseits des Forums Palatin und südlich davon, den Tiber flankierend, der Aventin. Der Name »Palatin«, von dem sich unser Lehnwort »Palast« ableitet, stammt erst aus der Renaissance. Im Altertum hieß der Hügel »Palatium«. Wie drei Finger ragen dann ungefähr parallel von Nordosten her Quirinal, Viminal und Esquilin gegen Capitol und Forum herunter – *ragten*, denn der Viminal mußte den exzessiven Bebauungen in den Jahren 1880, 1890 der heutigen Via Nazionale entlang weichen und wurde so gut wie ganz abgetragen. Als siebter Hügel gilt vielfach (und wohl mit Recht) der Caelius (Monte Celio), der hinter dem Colosseum aufsteigt. Der bedeutendste Hügel, eigentlich eher schon ein Höhenzug westlich der Stadt: der Janiculus (Gianicolo), hat nie als römischer Hügel gezählt, weil er jenseits des Tiber liegt. Das rechte Ufer heißt: das tuszische oder etruskische Ufer, im Gegensatz zum lateinischen Ufer links. Das jenseitige Tiberufer zählte noch im XIII. Jahrhundert nicht zu Rom – mit Ausnahme des Stadtviertels Trastevere –, und, staatsrechtlich gesehen, begann in den Augen der mittelalterlichen Päpste an der Engelsburg Tuszien: die Toscana. Deswegen wurden die Römisch-Deutschen Kaiser auch nicht in der eigentlichen Hauptkirche Roms, der Lateran-Basilica, gekrönt, sondern in St. Peter, das am tuszischen Ufer, also außerhalb der Stadt, liegt. Es gab Fälle, in denen den Kaisern nach ihrer Krönung in St. Peter nicht gestattet wurde, die eigentliche Stadt zu betreten. Das hatte allerdings meist auch praktische Gründe: Die Römer wollten das plündernde Gesindel, das die Kaiser als Gefolge dabeihatten, nicht innerhalb ihrer Mauern haben.

Nicht gerade zur Vereinfachung der Sieben-Hügel-Frage trägt die Tatsache bei, daß der Palatin eigentlich aus drei Hügeln besteht, die gelegentlich für je einen gezählt werden: der eigentliche Hügel Palatium an dem

Ende des Hügelzuges, der zum Circus Maximus hin abfällt und auf dem auch die Reste der Roma quadrata zu finden sind, dann der Germalus und, den der Titusbogen krönt, Velia.

Nochmals zu den Sieben Hügeln: So bedeutende Erhebungen wie der Monte Pincio, auf den eins der berühmtesten Wahrzeichen Roms, die Scalinata di Piazza di Spagna (Spanische Treppe), hinaufführt, gekrönt von der doppeltürmigen Kirche Trinità dei Monti, die wiederum flankiert wird von dem weltberühmten Hotel Hassler-Villa Medici, der allerdings heute kaum noch als solcher zu bemerkende Vatican-Hügel, der Monte Mario, sie alle werden nicht zu den Sieben Hügeln gezählt. Aber selbst Esquilin, Viminal und Quirinal sind zweifelhaft.
Und der Capitolshügel besteht aus zwei Hügeln. Es steht dort eine der berühmtesten antiken Statuen: der reitende Kaiser Marc Aurel. Zehn Jahre stand nur der Sockel dort; Reiter und Pferd wurden heruntergehievt und restauriert. Seit 20. April 1990 ist das restaurierte Monument im Capitolinischen Museum untergebracht. Auf dem Sockel draußen wurde ein vermutlich wetter- und abgasfester Abguß aufgestellt. Wer in der Nähe dort am Senatoren-Palast vorbei die schmale Gasse zum Forum hinuntergeht, der bemerkt, daß er zwischen zwei Hörnern der Hügelkuppe steht. Das »Horn« rechts ist das eigentliche Capitol – dort stand der römische Haupttempel, der des Jupiter Capitolinus, von dem kaum noch Reste vorhanden sind – und links die *Arx*, heute überbaut von der Kirche S. Maria in Ara-

coeli, überragt von der immerwährenden Scheußlichkeit des Victor-Emanuel-Monuments, das allerdings vor einiger Zeit aufgewertet wurde. Der »Complesso del Vittoriano« ist renoviert und wird als »spazio museale« für wichtige, wechselnde Ausstellungen zeitgenössischer Kunst benutzt. Von der jetzt begehbaren Terrasse aus hat man eine schöne Aussicht – einmalig deswegen, weil nur von hier aus der Vittoriano den Blick nicht beeinträchtigt. Das »Tal« dazwischen hieß Asylium, weil dort ein Tempel des im übrigen recht rätselvollen Gottes Asylius stand, der eine gesetzlich garantierte Zufluchtsstätte war; daher unser heutiges Wort Asyl. Auf dem Arx-Hügel stand der Tempel der Juno Moneta, der »Mahnenden Juno«. In der Nähe oder sogar in einem Nebengebäude des Heiligtums der Juno Moneta befand sich seit 269 v. Chr. die römische Münzpräge. Daher verschob sich der Begriff Moneta auf das Geld. Unser Wort Münze kommt daher. Lassen wir uns also gelegentlich, wenn wir eine Münze in die Hand nehmen, an die Juno gemahnen. (Der Staatsschatz des Römischen Reiches – Aerarium Saturni – wurde im Saturntempel auf dem Forum von den Quaestores verwahrt.)
Es ist also das beste, wenn man auf die Frage: Wie heißen die Sieben Hügel Roms? antwortet: Das kommt darauf an; und: Das ist eine sehr komplizierte Frage, die nicht mit einer Aufzählung von sieben Namen beantwortet werden kann.

Überhaupt ist die Topographie Roms sehr verzwickt, wie nicht anders zu erwarten bei einer Stadt, die sich ständig gewandelt hat und ständig umgebaut wurde.

Das *Forum*, das viele hundert Jahre lang als Gerichts-, Versammlungs-, Markt- und überhaupt Begegnungsplatz das bürgerliche Herz der Stadt war, leitet seinen Namen, so absurd das klingt, von *foris* = draußen, außerhalb, auswärts ab; *forum* also: der draußen befindliche Ort. Das muß man vom Ur-Rom, von der Roma quadrata her sehen: Für die alten *Quirites* (so nannten sich die Römer gern, wenn sie vornehm redeten) auf dem befestigten Palatin war das sumpfige Forum *draußen*. Erst 150 Jahre nach der Gründung (also um 600 v. Chr.) wurde, so berichtet Livius, durch den Bau der *Cloaca Maxima* das sumpfige Gelände entwässert. Den mit Tuffblöcken ummauerten Ausfluß dieser Großen Kloake kann man in der Nähe der Tiberinsel noch sehen. Das Capitol schaute in der Antike, wenn man so sagen kann, zum Forum. Heute ist es umgekehrt, heute wenden die Bauwerke auf dem Capitol dem Forum den Rücken zu, und die beiden imponierenden Schautreppen, die altehrwürdige, steile Treppe zu S. Maria in Aracoeli und Michelangelos breitere, flachere *Cordonata* zum Capitolsplatz führen von Norden her auf den Hügel. Das kommt daher, daß sich im Lauf der Jahrhunderte die ganze Stadt sozusagen gedreht hat. Im antiken Rom waren die am dichtesten besiedelten und belebten Gebiete die Stadtviertel südlich, östlich und nordöstlich des Forums (u.a. die sog. Suburba, dort, wo heute der infernalische Verkehr in der Via Nazionale und in der Via Cavour tost). Das *Marsfeld*, also der ganze Distrikt im Tiberknie, nördlich des heutigen Corso Vittorio Emanuele bis zum Abhang von Quirinal und Pincio und hinaus bis zur Porta del Popolo (in römischer Zeit: Porta Flaminia), war wenig besiedelt, zum Teil freies Feld, in der Spätantike mit großen Staatsbauten: Tempeln, Monumenten, Parks, auch Bädern bedeckt. Man muß sich die südlichen und östlichen Stadtviertel als brodelnden Menschentopf vorstellen, das Marsfeld als stillen, vornehmen Marmorhain. Nur das Trastevere war immer schon und ist es heute noch: ein quirliger Platz, ein Viertel der kleinen Leute, die eine eigene Sprache sprechen. Seit dem Krieg allerdings ist es, wie in manchen anderen Städten auch, chic geworden, im Proletenviertel zu wohnen. Es ist Vergnügungsviertel geworden, es gibt dort die meisten Restaurants, an jeder Ecke locken kleine Boutiquen, in denen mehr oder weniger abstoßende Ohrringe verkauft werden, und auch einige der kleinen Privattheater finden sich in Trastevere.

Aber allmählich wurde – es muß so um das III., IV. Jahrhundert n. Chr. gewesen sein – auch das Marsfeld dichter besiedelt und gleichzeitig durch einen nicht ganz erklärlichen Gezeitenfluß der Bevölkerungsverschiebung das bisher stark bevölkerte Gebiet entvölkert. Im Mittelalter und noch bis weit in die Neuzeit hinein konzentrierte sich der Baubestand an Privathäusern – abgesehen vom Trastevere und den Borghi am Vatican – im Tiberknie, also in dem Stadtviertel um die Piazza Navona und das Pantheon bis etwa zur Linie des Corso. Man sprach von diesem Viertel sogar als von der *abitata* (= dem Bewohnten) im Gegensatz zu den anderen, verödeten Vierteln, die als die *disabitate* bezeichnet wurden. Lediglich um die größeren Kirchen bildeten sich Siedlungen, die aber wohl eher Dörfern ähnelten, zwischen ihnen innerhalb des längst zu groß gewordenen Mauerrings Gärten, Wiesen und Weinberge. Das einstmals so belebte Forum, das Herz der Stadt und somit das Herz der Welt, war so *disabitato*, daß es (noch als Goethe 1786 Rom besuchte) mit Erde und Schmutz bedeckt, von Efeu überwuchert lag, nur ein paar Säulen aus dem Boden ragten, an denen die Hirten ihre Kühe festbanden, denn die zwar melancholisch-schöne, aber ungesund-öde, stechmückengeplagte Wiesen- und Buschlandschaft der Campagna reichte an dieser Stelle bis ans Capitol, und die Hirten konnten ihr Rindvieh hierhertreiben und grasen lassen. Das Forum hieß deshalb damals Campo Vaccino (Rindvieh-Platz), und Grillparzer, beeindruckt durch den romantischen Mondschein über dieser verfallenen Pracht, hat 1814 ein großes, langes und wehmütiges Gedicht geschrieben, das *Campo Vaccino* heißt und in dem die romantische Bewunderung des malerischen Verfalls Ausdruck findet:

> »Seid gegrüßt, ihr heiligen Trümmer,
> Auch als Trümmer mir gegrüßt,
> Obgleich nur noch Mondenschimmer
> Einer Sonn, die nicht mehr ist.
> ...«

Wohl hat Grillparzer das Gedicht (und sein anderes großes Rom-Gedicht: *Colosseum*) nicht im Mondenschimmer auf dem Capitol sitzend geschrieben. Rom hatte kaum Straßenbeleuchtung zu der Zeit, und Grillparzer hätte seine eigenen Zeilen nicht gesehen, so finster war es. Vielleicht hat er es im *Caffè Greco* gedichtet, das es damals schon über 50 Jahre lang gegeben hat und in dem alles verkehrt hat und gesessen ist, was Rang und Namen hatte, auch schon Goethe, der 1786 nach Rom kam und – mit Unterbrechungen: Er reiste auch weiter nach Neapel und Sizilien – fast zwei Jahre blieb: die glücklichste Zeit seines Lebens.

Die Zahl der Dichter, Musiker, Maler und Bildhauer, die in Rom gelebt und gearbeitet haben, die Rom geliebt haben und die, wenn sie nicht hier bleiben konnten, die unnennbare, nie zu stillende Sehnsucht nach dieser Stadt in ihrer Brust zurückbehalten haben, die Zahl ist Legion. Goethe und Grillparzer wurden schon genannt, aber unzählige Namen kommen dazu: der Kunsthistoriker, Wiederentdecker (und verhängnisvolle Mißdeuter) der Antike, Winckelmann, die Maler Raphael Mengs und Angelica Kauffmann, der Bildhauer Thorwaldsen (er soll gesagt haben, als er gefragt wurde: »Sie kennen Rom wohl nun sehr gut?«, »Nein, ich beginne es eben zu verstehen, ich war nur 30 Jahre dort«), die Musiker Liszt und Wagner, dann Schopenhauer und Nietzsche, Gogol, Tschaikowsky und Hans Christian Andersen, Thomas Mann und Heinrich Mann und viele, viele andere, Engländer (vor allem Engländer: Keats und Shelley), Amerikaner (Henry James), Franzosen, Tschechen, Polen, Russen ... Mancher hatte das Glück, dort bleiben zu dürfen – für immer, und ihnen ist das widerfahren, was in den vielleicht schönsten Zeilen steht, die in deutscher Sprache über Rom geschrieben wurden:

»Dulde mich, Jupiter, hier, und Hermes führe mich später, Cestius' Mal vorbei, leise zum Orcus hinab.«
(Goethe, VII. Röm. Elegie)

Cestius' Mal: Das ist die Pyramide des Cestius an der lärmigen Haltestelle *Piramide* (Betonung seltsamerweise auf dem a) an der Porta Ostiense. Dort liegt der stille, pinienschattige Friedhof, der einer der ergreifendsten Orte Roms ist. Er wird oft protestantischer Friedhof genannt, was nicht ganz stimmt, denn es sind auch Juden, Griechisch-Orthodoxe u. a. dort begraben, sogar Italiener, sofern sie – was selten ist – deklarierte Agnostiker waren: Antonio Gramsci liegt dort, der große, großartige Leidensmann des italienischen Antifaschismus. Ganz antik steht nur schlicht und in Latein auf dem Grab: *Cineri Antonii Gramscii.* »Gramscis Asche« – Pier Paolo Pasolini, bei dem immer vergessen wird, daß er nicht nur ein bedeutender Filmregisseur, sondern auch ein großer Dichter war, hat seinen wohl wichtigsten Gedichtband so genannt: *Le ceneri di Gramsci.* Der Friedhof ist also ein Nicht-Katholiken-Friedhof, und so heißt er auch offiziell: *Cimitero acattolico.* Goethes Sohn ruht dort, Humboldts Kinder und viele Zelebritäten, die Hermes hier leise in den Orkus geführt hat. Keats, Shelley und Keats Freund Severn ruhen auch hier. Ihre Gräber sind vielleicht die schönsten, vielleicht die schönsten Gräber auf der ganzen Welt. Wer Glück hat und leise ist, sieht eine der Katzen, die sonst im Graben um die Pyramide spielen, auf einer umgestürzten Marmorsäule ruhn, die Pinien rauschen, der Verkehrslärm dringt nur leise in den umfriedeten Bezirk, der Efeu rankt sich an der verwitterten Mauer empor. Auf Shelleys Grabstein steht kein Name, nur: Hier ruht einer »whose name was writ in water«. Hier wartet der Hermes mit gesenkter Fackel – wenn die Götter dir wohlwollen: auf dich. Und ganz in der Nähe ist das Grab des englischen Dichters und Malers Francis Scott Bradford (1898–1961), auf dem die schöne Zeile steht: »Home is where the heart is« – ja: wo das Herz ist, hier: in Rom.

Die Inschrift auf dem nahezu schmucklosen, aber edlen Grabstein von August von Goethe: »Goethe Filius Patri Antevertens«, die von Goethe selber stammt, werte ich nicht nur als Feststellung, daß Goethes Sohn früher als der Vater gestorben ist, sondern auch, daß er ihm hierher, nach Rom an die Pyramide des Cestius vorausgegangen ist.

Daß sich Goethe in Rom heimisch gefühlt hat: »O wie fühl' ich in Rom mich so froh gedenk' ich der Zeiten, Da mich ein graulischer Tag hinten im Norden umfing, ...« oder »Ehret wen ihr auch wollt! Nun bin ich endlich geborgen! ...« (VII. bzw. I. Römische Elegie), weiß man; daß er zeit seines restlichen Lebens an seinen römischen Aufenthalt als geistige Heimat gedacht hat, das geht aus manchen Lebenszeugnissen der späteren Zeit hervor. Als er am 29. Oktober 1788 Rom verließ, ging er, meine ich, mit der festen Absicht, wiederzukommen, vielleicht sogar für immer hier zu bleiben. Christiane Vulpius kam dazwischen ... er sah Rom nie wieder. Und danach die Sachzwänge. Bedeutete die Inschrift auf seines Sohnes Grab, daß Goethe selbst 1830 noch davon träumte, nach Rom zurückzukehren?

Der Cimitero acattolico kann besichtigt werden (über die Öffnungszeiten: siehe Anhang am Schluß des Buches).

Ein schönes, wenig beachtetes Museum ist das *Museo Barracco*, das nicht, wie die Mißdeutung des Namens vermuten lassen könnte, in einer Baracke untergebracht ist, vielmehr in einem relativ kleinen, aber einem der feinsten Renaissance-Palazetti Roms: Farnesina ai Baulari, in dem die kostbare Privatsammlung des Barons Giovanni Barracco noch vollständig erhalten ist, wie sie dieser feinsinnige Kunstfreund im XIX. Jahrhundert um sich herum aufgestellt hat (1904 der Stadt Rom gestiftet). In all den römischen Museen und Sammlungen gibt es kaum griechische Originale, wohl aber hier im Museo Barracco. Und im Keller finden sich Reste von Fundamenten eines spätantiken Wohnhauses.

Viele Jahrzehnte war es für jeden, der an der Antike und an Kunst und Geschichte Roms interessiert war, schmerzlich, daß eines der am meisten umraunten Bauwerke nicht zugänglich war: das in den Jahren 64/65 erbaute, nie vollendete *Domus Aurea* des Kaisers Nero. Es sollte sich, nach Neros Plan, vom Palatin bis zum Monte Oppio erstrecken, förmlich eine Palaststadt von einer Größe und einem Prunk werden, den die Welt bis dahin noch nie gesehen hatte. Für den Bau dieses »Goldenen Hauses« ruinierte Nero die Finanzen des Reiches auf Jahrzehnte hinaus. Berühmt war das Vestibulum (Sueton beschreibt es), in dem eine Statue Neros von $35\frac{1}{2}$ m Höhe Platz fand. Eine Säulenreihe war 3,5 km lang. Von den einstmals vergoldeten Decken, von denen manche drehbar waren und so eingerichtet, daß Rosenblätter auf den Kaiser und seine Gäste regnen konnten, ist natürlich nichts mehr erhalten, wohl aber Teile der Fresken. Ein Fresko mit einer Stadtansicht Roms wurde erst jetzt entdeckt. Die dekorativen Malereien in diesen »Grotten« regten die Renaissance-Maler, unter anderem Raffael, zur Nachahmung an, und die Art nannte man dann »Grotesken«.

Nach sehr langwierigen Restaurierungen, die unter anderem vor einigen Jahren dadurch behindert waren, daß die wertvollen Entlüftungs- und Entfeuchtungsanlagen gestohlen wurden, ist jetzt endlich die »Domus Aurea« wieder zugänglich.
Nero soll nach (partieller) Fertigstellung gesagt haben: nun könne er endlich wohnen wie ein Mensch. Er wohnte nicht lange hier; 68 v. Chr. wurde er gestürzt und getötet. Er war so verhaßt, daß die flavischen Kaiser (Vespasian und Titus), um sich von Nero zu distanzieren, die Domus Aurea nicht nur nicht weiterbauen, sondern zum Teil wieder abreißen oder zuschütten ließen. So entstand das Areal des Parkes am Monte Oppio; über einen Teil des Baugrundes errichtete man das Colosseum.

Außer dem *Cimitero acattolico* (gelegentlich auch *Cimitero degli Inglesi* genannt) gibt es noch einen Sonderfriedhof: den *Campo Santo Teutonico*. Dort sind die *katholischen* Deutsch-Römer begraben, z. B. der romantische Landschaftsmaler Joseph Anton Koch. Dieser Friedhof, ein äußerst stiller, beschaulicher Platz, liegt ganz im Schatten St. Peters im Vatican. Dieser Campo Santo Teutonico und die anschließende Kirche S. Maria della Pietà sind staatsrechtliche Raritäten: Sie befinden sich auf italienischem Staatsgebiet, sind aber nur vom Ausland aus (nämlich vom Vatican) zugänglich. Man muß links von der Peterskirche durch das Tor gehen und dort dem grimmig schauenden (aber freundlichen) Schweizer Gardisten sagen, man habe eine Tante auf dem Campo Santo Teutonico liegen und die wolle man besuchen. Der rechts stehende Gardist, der ohne Hellebarde, ist der zuständige. Dann läßt er einen durch und zeigt einem sogar den Weg. Man braucht den Schweizer Gardisten auch nicht auf italienisch anzusprechen. Er versteht Deutsch, denn er ist wirklich Schweizer. (Für Briefmarkensammler: Man kann diesen Besuch mit dem des philatelistischen Büros der Vatican-Post verbinden, das sich nahe dem Friedhofseingang befindet.) Bemerkenswert ist auch der allgemein-katholische riesige Friedhof hinter San Lorenzo fuori le mura, der *Campo Verano*. Das ist eine überwältigende Ansammlung steinernen Trauer-Kitsches, die einen Besuch lohnt. Hier blicken hohläugige Admiräle in den Jenseits-Ozean, werfen sich prallbusige Gattinnen über den einen letzten Hauch ausströmenden Universitätsprofessor und ringen vor Schmerz ohnmächtige Engel in Lebensgröße über den Grüften gewesener Finanzoberinspektoren die Hände, und über allem wehen die pathetischen Cypressen, seufzen lautlos über den Verfall der Welt.

Aber wieder zu den Lebenden. Wohl alle, die jetzt auf den genannten Friedhöfen ruhen, namentlich die auf dem Cimitero acattolico und dem Campo Santo Teutonico, waren auch Gäste im *Caffè Greco*. Das Caffè Greco ist eine Institution besonderer Art. Es befindet sich in der Via Condotti; sie und die nahe gelegenen Quer- und Parallelstraßen sind die nobelsten Einkaufsstraßen Roms (Bulgari, Gucci usw.); sie führt von der Piazza di Spagna weg zum Corso. Das *Greco* ist auf N. 86 und wurde 1760 von einem Levantiner gegründet, daher der Name. Das Gästebuch (es sind mehrere Bände) zählt die erlauchtesten Namen der europäischen Geistesgeschichte auf, und die allererlauchtesten sind auf den Wänden mit ihren Porträts oder mit Werken verewigt. Im sog. *Omnibus*, das ist der schmale weiße Saal hinten rechts, saß König Ludwig I. als Kronprinz und hielt – Künstler unter Künstlern – hof, und als er wegen Lola Montez abdanken mußte, zog er sich nach Rom zurück und wieder ins Caffè Greco. Der Omnibus ist heute klimatisiert und hauptsächlich mit deutschen Reliquien geschmückt. Das übrige Caffè ist rot, Samt und Seide, serviert wird auf kleinen Marmortischen von Kellnern im Frack.
Ich habe in der ersten Ausgabe dieses Buches ein Goethe-Wort abgewandelt und auf das Caffè Greco gemünzt: »Wer das Caffè Greco nicht besucht, dem macht die Stadt kein vollständiges Bild in der Seele.« Ich halte dies auch heute noch aufrecht, wenngleich mit Einschränkungen. Ich war gewiß hundertmal dort und habe mich, namentlich in Gesellschaft von Maestro Stellario, dem »Maler vom Caffè Greco«, wohl gefühlt. Aber seit ich in späteren Jahren mich einmal ne-

ben den Kellnern als einzigen bemerken mußte, der nicht Japaner war, und seit ich feststellen mußte, daß (2002) der einfache Espresso 8,00 € kostet, ist meine Liebe, muß ich sagen, zum Caffè Greco etwas erkaltet.

Wir sind inzwischen schon weit von Romulus und Remus in die römischen Jahrhunderte abgeschweift. Verlassen wir also das Caffè Greco, nachdem wir vielleicht einen Caffè lungo (d. h. ein verlängerter Espresso mit doppelt soviel Wasser wie ein einfacher, immer noch sehr stark) getrunken und zwei, drei Tramezzini gegessen haben (dreieckige, mit Schinken, Käse, Fisch, Gemüse oder anderem belegte Sandwiches), und kehren über das noble Getriebe der Einkaufsstraßen und -gassen der Condotti, Bocca di Leone, Borgognona, dann Piazza San Silvestro, über Corso und Piazza Venezia – einer der zentralen Plätze der Stadt, seit 1911 vom Victor-Emanuel-Monument, genannt: die Große Schreibmaschine, beeinträchtigt – zum Palatin zurück.

Dort, am Palatin also, hat sich die Roma quadrata inzwischen über den ganzen Hügel ausgebreitet, hatte die – schon im X. Jahrhundert v. Chr. besiedelten – angrenzenden Hügel unterworfen, was wahrscheinlich in der Sage vom Raub der Sabinerinnen seinen Niederschlag fand, und hatte – nach der Überlieferung 508 oder 509 v. Chr. – die zur Tyrannei ausgeartete Herrschaft der vermutlich etruskischen Könige, der Nachfolger des Romulus, abgeschüttelt. Der letzte (siebte) soll Tarquinius Superbus geheißen haben. Der Befreier vom Joch war *Brutus*, der erste römische Republikaner.

Die römische Republik war allerdings keine parlamentarische Demokratie im heutigen Sinn. Man muß sie sich eher als Ständestaat mit Vorherrschaft einiger Adelsgeschlechter denken. Aber immerhin war sie ein einigermaßen gesicherter Rechtsstaat, und in ihrer Verfassung wurden das erste Mal in der politischen Geschichte der Menschheit die Regierungsmandate wirksam zeitlich limitiert, zumindest im Prinzip: Wenn politische Bosheit, Korruption und Herrschsucht das Prinzip durchbrachen, was natürlich vorkam, kehrte man doch immer zum Prinzip zurück.

Diese römische Republik, die natürlich ursprünglich ein Stadtstaat war, funktionierte vierhundert Jahre lang. In diesen vierhundert Jahren breiteten die Römer ihre Herrschaft nahezu über den ganzen Mittelmeerraum aus, über Gallien und Germanien. Rom, die Stadt, war nicht mehr das Staatsgebiet des *Senatus Populusque Romanum*, wie man stolz firmierte (und wie es auch heute noch auf allen Kanaldeckeln und Feuermeldern steht: SPQR), sondern die immer größer, immer prächtiger werdende Hauptstadt der ganzen – damals bekannten – Welt. Daß bei diesem nun fast unübersichtlich gewordenen Reich die alte Stadt-Republik-Verfassung nicht mehr hinreichte, war klar. Es kam zur Krise des I. Jahrhunderts v. Chr., zur Umformung des Staates durch Cäsar und vor allem durch Augustus: Die republikanische Verfassung wurde zwar nie formell aufgehoben, aber durch ein sehr kompliziertes, bewußt unklar gelassenes faktisches Herrschaftssystem überwölbt, das man *Prinzipat* nannte, das römische Kaiserreich, das in wechselvollen Schicksalen bis zum Beginn des Mittelalters überdauerte.

Für die Stadt Rom hatte diese Entwicklung eminente Bedeutung. Augustus rühmte sich, er habe eine Stadt aus Lehmziegeln vorgefunden und hinterlasse eine Stadt aus Marmor. Aber schon Cäsar hatte damit begonnen, die alten Tempel auf dem Capitol und am Forum zu erneuern und zu verschönern, und jeder Kaiser – sofern er lang genug regierte – setzte seinen Ehrgeiz darein, die Stadt mit Bauwerken zu schmücken, die nach Möglichkeit die Denkmäler aller seiner Vorgänger übertrumpfen sollten. So ist das Colosseum (in dem, entgegen der offiziellen katholischen Lehrmeinung, nie auch nur ein einziger Christ einem einzigen Löwen vorgeworfen wurde) ein Denkmal aus klassischer Zeit (Ende des I. Jahrhunderts n. Chr.), sind die monumentalen, düsteren Ruinen der Caracalla-Thermen eines vom Beginn des III. Jahrhunderts und die Ruinen der Dioclétians-Thermen ein Überrest aus der späten Kaiserzeit vom Beginn des IV. Jahrhunderts. In die damals noch bedeutenderen Reste hat man nach Michelangelos Plänen Kirche und Kloster Santa Maria degli Angeli hineingebaut. Das Kloster war lange Zeit das (heute »in restauro«) Thermen-Museum; der Bahnhof, der noch zu päpstlicher Zeit in der Nähe errichtet wurde (nicht der heutige, natürlich, der stammt von zwei Architekten-Konsortien, in den fünfziger Jahren vollendet), heißt deswegen *Stazione Centrale di Termini* oder schlicht »Roma Termini«. Rom war noch lange Zeit, als alle anderen europäischen Staaten schon über Schienennetze verfügten, noch ohne Eisenbahnanschluß. Papst Gregor XVI. (1832–46) nannte die Eisenbahn statt »chemin de fer«: »Chemin d'enfer« (Höllenweg). Selbst diesen technischen Fortschritt fürchtete die Kirche. Erst unter Pius IX. (1846–78) wurde die Bahnlinie von der toscanischen Grenze bis zur neapolitanischen gelegt, wo die Anschlüsse sozusagen schon warteten.

Das Leben im antiken Rom kann man sich gar nicht bunt genug vorstellen. Wahrscheinlich war es noch bunter und lauter als das heutige. In bezug auf die Einwohnerzahl gibt es nur Schätzungen: Sie schwanken für das Rom der Zeit des Augustus, also um Christi Geburt, zwischen einer Million und zwei Millionen. Sie erreichte zur Zeit Kaiser Trajans (98–117) ihren Scheitelpunkt und begann von da ab wieder zu sinken. Als Kaiser Constantin, der vermutlich zu Unrecht als erster christlicher Kaiser bezeichnet wird, die Residenz endgültig aus Rom nach Byzanz (von da ab: Konstantinopel) verlegte, dürften nur noch 6–700 000 Menschen in Rom gelebt haben. Im Mittelalter sank die Bevölkerung auf weniger als 50 000, manche meinen, es seien sogar nur 10 000 oder 12 000 gewesen. In der Renaissance-Zeit begannen die Zahlen wieder zu steigen: Als der neue Petersdom gebaut wurde (im wesentlichen im XVI. Jahrhundert), wurde er für 60 000 Gläubige konzipiert, und das war ungefähr die damalige Bevölkerungszahl Roms. Sie stieg offenbar in den nächsten Jahrhunderten wenig, und erst als 1870 Rom dem neuen italienischen Königreich einverleibt wurde, erfuhr die Stadt eine Bevölkerungsexplosion, die im Grunde genommen bis heute anhält. 1860 – da war Rom noch die Hauptstadt des zu der Zeit schon ziemlich zusammengeschmolzenen und völlig heruntergekommenen, wirtschaftlich desolaten Kirchenstaates unter der absoluten, auch weltlichen und finsteren Herrschaft des Papstes – hatte Rom 180 000 Einwohner, 1870 schon 225 000, 1881 fast 300 000 und 1896 eine halbe Million. Der Bauboom war gewaltig, die Bodenspekulationen nahmen kriminelle Formen an. Riesige Vermögen wurden verdient, weite Bevölkerungsschichten versanken ins Proletariat. Zolas Roman *Rome* gibt eine so anschauliche wie grausige Schilderung des Zustandes vom Elend jener Zeit in der Stadt mit Gewalt auf der einen und mit Glanz und Verschwendung auf der anderen Seite. Auch das Stadtbild änderte sich. Gregorovius, der große deutsche Historiograph der Stadt Rom, lebte von 1852 bis 1872 dort, kehrte danach oft dorthin zurück. In seinen postum veröffentlichten Tagebüchern ist nachzulesen, wie einer, der Rom 1870 erlebt hat, es 1890 nicht mehr wiedererkannte. Zwar standen natürlich noch alle die berühmten Kirchen und Monumente, aber riesige Areale, ganze Gärten, Villen und Parks wurden überbaut, gewaltige Boulevards waren in die Stadt geschnitten worden und mit Gründerzeit-Mietkolossen gesäumt: die Via Nazionale, die Via Cavour, die Via Arenula, die Via Merulana u. a. Der Bahnhof Termini wurde gebaut, ein Netz von Straßenbahnen überzog die Straßen. Gregorovius, eigentlich durchaus liberal gesinnt, sah sich emotional zwiegespalten – so sehr er den endlichen Zerfall der Papstherrschaft begrüßte, das Hinausjagen der engstirnigen und korrupten Finsterlinge und Prälaten, so sehr trauerte er dem Untergang des alten romantischen Rom nach, das nicht nur er, sondern auch so viele andere Deutsche geliebt hatten. Rom wurde binnen weniger Jahre von einer fast noch mittelalterlichen päpstlichen Residenz zu einer – damals – modernen Millionenstadt. Daß das soziale und ökologische Probleme mit sich brachte, ist klar. Manche wirken bis heute fort. Wer sich ein Bild davon machen will, wie jenes romantische Rom ausgesehen hat, blättere in den (oft reproduzierten und publizierten) Zeichnungen und Aquarellen des Malers Ettore Roessler-Franz oder den Veduten des Kupferstechers Bartolomeo Pinelli. Die Originale sind im *Museo di Roma* und im *Museo del Folklore e dei Poeti romaneschi* zu besichtigen. Roessler-Franz, dessen Namen auf seine deutsche Abstammung hindeutet, lebte von 1852 bis 1907 und zeichnete seine Veduten kurz vor 1870, und man hat den wohl berechtigten Eindruck, daß er mit seinen liebenswürdigen (und nicht unkritischen) Genrebildern gerade noch festhalten wollte, was dem Untergang geweiht war.

Die Infrastrukturen des kirchenstaatlichen Rom waren so rückständig wie die Regierung der Päpste. Erst nach 1870 wurde ein Verkehrsnetz aufgebaut, Pferde-, Dampf- und elektrische Straßenbahnen eingerichtet, heute längst alle durch Omnibuslinien ersetzt bis auf wenige Straßenbahnrouten, von denen die Nummer 3 und die Nummer 19 ausdrücklich erwähnt seien. Die 3 fährt von Trastevere halb vor die Stadt herum bis zur Piazza Thorwaldsen jenseits der Villa Borghese, die Linie 19 von der Piazza Gerani bis über den Tiber zur Piazza Risorgimento am Vatican. Es ist ein Vergnügen, mit dieser Straßenbahn zu fahren. Man wähle dazu allerdings ruhigere Stunden des Tages, damit man im Wagen einen Sitzplatz bekommen und durch die meist infernalisch verstaubten Fenster hinausschauen kann. Die Fahrt, die gut und gern eine Stunde dauert, führt einen durch stille, ruhige Viertel, durch lebhafte Geschäftsstraßen, über Hügel und Täler, zweimal über den Tiber, an der schon erwähnten Pyramide des Cestius vorbei, am Aventin entlang, vorbei an Santa Croce in Gerusalemme, San Lorenzo fuori le mura und an der Universität. Das schönste Stück ist die Straße zwischen San Gregorio und dem Colosseum, wo die Bahn – in den Kurven schrecklich quietschend – dem uralten Clivus Scauri folgt und über die grüne, stille Flanke des Caelius fährt, wo manche Katze im Schatten eines Busches schläft.

In den letzten Jahren wurden die schönen alten Wägen, rollende Verkehrsantiquitäten, teilweise durch neue Garnituren ersetzt. Es geht einem wie weiland Gregorovius ... Aber wer Glück hat, erwischt doch noch ein altes Vehikel. Ganz neu wurden zwei bequeme Linien eingerichtet: die Trasse von der Porta Flaminia nach Norden und die Linie 8 (von den Römern spöttisch l'otto ... = Lotto genannt) vom Largo Torre Argentina nach Trastevere. Seit dem Heiligen Jahr 2000 gibt es auch einen *Giro Turistico* (die Linie 110), die vom Bahnhof Termini abfährt, einen Kreis durch die Stadt bis hin zum Petersplatz beschreibt und nach Roma Termini zurückkehrt; ähnlich die Linea delle Basiliche, von Termini bis S. Pietro, berührt alle Hauptbasiliken. Der Archeobus startet an der Piazza Venezia und fährt alle archäologischen Sehenswürdigkeiten ab bis hinaus zur Via Appia antica und der Villa dei Quintili.

Es gibt selbstverständlich nicht nur am Clivus Scauri Katzen. (*Clivus* ist ein lateinisches Wort und bedeutet: ein Weg, der auf- bzw. abwärts führt im Gegensatz zu *via*, einem ebenen Weg.) Überall in Rom gibt es Katzen, die Katze ist ein römisches Tier, sie ist, neben der

Capitolinischen Wölfin, das römische Tier schlechthin. Alle anderen Tiere: Tauben, Hunde, Ameisen, Küchenschaben, sind Ungeziefer. Das bedeutet allerdings nicht, daß die Römer Katzen gut behandeln. Ausnahmen gibt es freilich, sie fallen in den Bereich der Sonderlinge. Dabei sei ausdrücklich auf eine durchaus private Einrichtung am eben genannten Largo Torre Argentina hingewiesen. Dort haben Tierfreundinnen ein Katzenasyl eingerichtet, in dem kranke Katzen gepflegt, die gesunden ernährt werden usw. Die Einrichtung ist auf Spenden angewiesen (Höre! Leser-). Man kann gegen geringe Gebühr eine Katze sozusagen adoptieren. Eine heißt zum Beispiel nach der jüngsten Tochter des Autors: Cosima. Wie alle Südländer sind die Römer nur insoweit tierliebend, als man die Tiere essen kann. Es empfiehlt sich also, wenn man Katzen mag, immer einen Koffer mehr nach Rom mitzunehmen: den Koffer für Trockenfutter (*Brekkies* oder ähnliches), das man dann portionsweise verfüttert. Da man aus Gründen der Sicherheit (darauf wird noch die Rede kommen müssen) in den Außentaschen der Jacke ohnedies besser nichts bei sich trägt, kann man sie mit Brekkies füllen, die man dann verstreut. Wie gesagt: Katzen gibt es überall, es gibt vornehme Pontifical-Katzen, die zwischen der Rückseite des Petersdoms und der kleinen Kirche S. Stefano degli Abissini ihre Jungen aufziehen, und es gibt zerrupfte Exemplare, die auf dem Dach eines Autowracks in irgendeiner Gasse des Pigna-Viertels sitzen und ständig ihr Dasein verteidigen müssen. Wie viele Katzen es in Rom gibt, weiß natürlich kein Mensch. Ab und zu – auch das muß leider berichtet werden – vergiftet die Stadtverwaltung

(SPQR) einige Zehntausend. Das ist natürlich unschön, schafft aber denen, die entkommen sind, wieder Luft. Das, was einer der übelsten Päpste versucht hat: die Katzen in Rom ganz auszurotten, ist selbstverständlich nie gelungen und wird nicht gelingen. Die Katzen stehen unter dem Schutz der Isis, die ihren Tempel auf dem Areal zwischen Pantheon und Collegio Romano hatte; dort steht auch die einzige gotische Kirche Roms: Santa Maria sopra Minerva: »Sankt Maria über dem Minervatempel«, ein Name, in dem sich das christliche im heidnischen Rom spiegelt. Allerdings ist das ein Irrtum, denn eben der vermeintliche Minervatempel, auf dem diese Marienkirche erbaut ist, war der Isis-Tempel; und, was wieder die Katzen betrifft, die Isis ist religionsgeschichtlich eine nicht sehr entfernte Cousine der Madonna. Der genannte verruchte Papst, der deswegen sicher in der Hölle schmort, war Innozenz VIII. Unverdientermaßen hat er eins der schönsten Grabdenkmäler in der Peterskirche: am zweiten Pfeiler links, von der Hand des schon erwähnten Meisters Antonio Pollaiuolo. Der merkwürdige Gegenstand, den der Bronze-Papst hochhält, ist keine Maurerkelle und auch kein Waffeleisen, sondern die Spitze der Lanze, mit der Longinus den Erlöser in die Seite gestochen hat. Warum ausgerechnet dieser widerwärtige Innozenz VIII. die Ehre hat, diese Reliquie hochzuhalten, ist eine ganz lange und spannende Geschichte und gehört zu den Kuriositäten an und in der Peterskirche.

Die eigentliche Papstkirche ist auch heute noch S. Giovanni in Laterano. Daß Kaiser Constantin I. dem Papst den Lateranpalast und die darin befindliche, durchaus weltliche Kaiserhalle (griechisch Basilika von Basileus = Kaiser, König) schenkte, ist im Gegensatz zur »Constantinischen Schenkung« keine historische Lüge. Die Kaiserhalle wurde zur Kirche umfunktioniert, und der Begriff Kaiserhalle/Basilica wurde zur Gattungsbezeichnung und kirchenrechtlichen Rangstufe großer, bedeutender Gotteshäuser.

St. Peter trat an Bedeutung hervor, weil dort seit dem 25. Dezember 800 die Kaiserkrönungen stattfanden, und die fanden dort statt, weil St. Peter am rechten, »tuszischen« Tiberufer stand und somit rechtlich gesehen nicht zum Stadtgebiet Roms gehörte, in das die Päpste die Kaiser nicht hineinlassen wollten. Nach einer der letzten Kaiserkrönungen, 1433, äußerte der neugekrönte Kaiser Sigismund den Wunsch, die römischen Altertümer zu besichtigen. Es wurde ihm gestattet, aber ausdrücklich nur ihm als Privatperson, und man achtete darauf, daß er, bevor es Nacht wurde, wieder aus der Stadt verschwand. Die Angst der Päpste hatte zwei Gründe: Erstens fürchteten sie, mit Recht, die den Kaiser begleitenden Ritter- und Söldnerhorden, und zweitens fürchteten sie, daß, wenn der Kaiser länger in Rom wäre, es so aussehen könnte, als habe der Kaiser von der Stadt Besitz ergriffen.

Im Laufe der turbulenten Zeiten und namentlich nach der Rückkehr aus dem Exil in Avignon trat das Bedürfnis nach größerer Sicherheit auf, und dem genügte der ummauerte Vatican-Hügel mit der Peterskirche mehr als der relativ ungeschützt liegende Lateran. So verlagerte sich die Papstresidenz immer mehr dorthin, und damit das geistliche Gewicht von S. Giovanni nach S. Pietro.

Der als solcher heute nur noch bei genauerem Hinsehen erkennbare Vaticanische Hügel *(Vaticanus mons)* war im Altertum für seine Ziegelbrennereien bekannt. Die Gegend, in der auch der Neronische Cärcus lag, scheint nicht die erste Adresse gewesen zu sein. Tacitus schreibt in den »Historien« (II, 93) vom »infamibus Vaticani locis«, vom verruchten Ort Vatican. Den Papst hat er damit aber noch nicht gemeint.

Da also nach 1400 die Peterskirche zwar nicht de iure (ecclesiae), aber de facto zur päpstlichen Hauptbasilica geworden war, erwuchs in den Päpsten der Wunsch, den alten, als antiquiert empfundenen Bau durch einen neuen im Stil der Renaissance zu ersetzen. So begann im XV. Jahrhundert die komplizierte, umwegsame, nahezu alle bedeutenden Baumeister ihrer Zeit beschäftigende Baugeschichte von Neu-St. Peter, die sich alles in allem fast zweihundert Jahre hinzog und mittelbar – durch die Finanzierung mittels Peterspfennig und Ablaßhandel – Auslöser für die Reformation war. Ich bin der Meinung, daß Luther mit der von ihm ins Rollen gebrachten reformatorischen Bewegung der Kirche ungewollt einen großen Dienst erwies. Ohne die Reformation wäre die katholische Kirche, die damals kurz vor einem Abgrund an Fäulnis stand, binnen weniger Jahre in diesem Abgrund versunken. Durch die Reformation wurde sie gezwungen, sich aufzuraffen, sich wenigstens etwas zu reinigen. Das hält – knapp, wer weiß, wie's weitergeht – bis heute vor. So gesehen hat der Bau der Peterskirche die Cattolica gerettet.

Die ganze Baugeschichte aufzurollen ist hier nicht Raum genug. Das umfangreichste, ausführlichste Werk darüber ist das (italienisch geschriebene) »La Basilica di S. Pietro« von Carlo Galassi Paluzzi (Capelli Editori). Aber auch jeder gute Kunstführer bringt die Baugeschichte und auch die Zimelien der Innenausstellung zumindest in faßlichen Umrissen.

Ich möchte hier nur einige Kuriositäten vortragen, die meist nicht in den Kunstführern nachzulesen sind.

Die normalerweise geschlossene mittlere der fünf Türen vom Porticus ins Innere der Basilica ist die Porta mediana, eine Bronzetür und ein Meisterwerk des Florentiner Bildhauers Antonio Averulino gen. Filarete. Es ist das erste bedeutende Renaissance-Kunstwerk in Rom und wurde um 1440 geschaffen. Es zeigt in feinen Reliefarbeiten, die den Vergleich mit den Werken eines Ghiberti am Baptisterium in Florenz nicht zu scheuen brauchen, sechs große und vier kleine Tafeln und eine merkwürdige Umrandung. Die beiden obersten Tafeln zeigen Jesus und Maria, die mittleren Paulus und Petrus. Neben Paulus, der das Schwert hält, steht die »Vas electioni«, die »mystische Vase«, was immer sie zu bedeuten hat, neben Petrus kniet ein winziger Papst, es ist Eugen IV., der Auftraggeber des Werkes, dem Petrus die Schlüssel übergibt. Merkwürdig daran ist, daß die Legende, die Umschrift um die Heiligendarstellungen in arabischer Schrift angebracht ist. Was das zu bedeuten hat – die heilige Umschrift in den Buchstaben des muslimischen Erzfeindes –, hat mir, trotz vieler Fragen, noch niemand beantworten können.

Die kleineren Reliefs darunter stellen die Martyrien von Petrus und Paulus dar, wobei ein Blick auf die Pe-

trustafel empfohlen wird: Außer dem Gedränge, dem heidnischen Kaiser und dem mit dem Kopf nach unten gekreuzigten Petrus sieht man im Vordergrund zwei merkwürdige Gebäude abgebildet. Damit hat es folgende Bewandtnis: Nach den Berichten in sog. Linustext, eine dem unmittelbaren Nachfolger Petri, dem »Papst« St. Linus zugeschriebene Fälschung aus dem VI. Jahrhundert, wurde Petrus »zwischen zwei Meten« gekreuzigt. Eine Meta war ein konisches Gebilde aus Stein oder Holz, das im Circus beim Wagenrennen einen Wendepunkt markierte; je drei standen in einem Circus. Wenn Petrus tatsächlich in Rom starb, und zwar am Kreuz, so fand sein Martyrium wohl als übliche Volksbelustigung in einem Circus statt und dann tatsächlich zwischen zwei solchen Markierungsmeten. In späterer Zeit verstand man das nicht mehr, und so bezog man die Metae, zwischen denen Petrus gekreuzigt wurde, auf die fälschlich als Meta bezeichnete Cestius-Pyramide und auf eine nahe der Engelsburg stehende, heute verschwundene »Meta Romuli«, und diese beiden Bauwerke sind auf dem Relief abgebildet. Die Kuriosität geht aber noch weiter. Im IX. Jahrhundert wollte man eine Kirche über der Kreuzigungsstätte errichten. Man suchte den Platz zwischen den beiden genannten Meten, der Meta Romuli und der Cestius-Pyramide, nahm Maß und kam auf die Stelle, wo heute die Kirche S. Pietro in Montonio steht, und tatsächlich liegt diese Kirche zwar nicht auf der Luftlinie zwischen den beiden Plätzen, aber sie sind beide ziemlich genau gleich weit von S. Pietro in Montonio entfernt.
Die kleinen Reliefs zwischen den großen Tafeln sind Darstellungen aus der Geschichte Papst Eugens IV. und

auch insofern bemerkenswert, als es wohl das früheste Beispiel ist, daß zeitgenössische historische Ereignisse dargestellt wurden.
Die Ranke endlich um das Ganze ähnelt verblüffend den Rankenornamenten an der Ara Pacis, und die sozusagen eingestreuten winzigen Figürchen sind Illustrationen nicht etwa zu biblischen Themen, sondern zu den Fabeln der Äsop und zu Vergils »Metamorphosen« – wer genauer hinsieht, wird erstaunliche Freizügigkeiten voller Witz feststellen ... und das am Hauptportal der Hauptkirche der Christenheit. Wenn das der prüde Paulus wüßte!
Etwas Lustiges findet sich auf der Innenseite der Porta mediana, ganz unten, man muß sich hinkauern und es mit einer Taschenlampe anleuchten: ein kleines Relief-Fries, quasi Filaretes Signatur; der Meister selber, seine Gesellen, tanzend und trinkend, sind froh, daß die Arbeit getan ist. Eine der Figuren reitet seltsamerweise auf einem Dromedar.
Die Peterskirche ist voll von Grabdenkmälern (nicht Gräbern! Die betreffenden Verblichenen sind stets unterhalb in den Grotten begraben), meist von Päpsten, aber auch von einigen anderen Menschen, sogar zweier Frauen: der Königin Christine von Schweden (auf der Rückseite des ersten Pfeilers rechts), der zur Freude des Papstes zum Katholizismus konvertierten einzigen Tochter des Erzprotestanten Gustaf Adolf, und (im linken Seitenschiff) Maria Clementina Sobieska, eine polnische, mit einem Stuart verheiratete Prinzessin. Auch das Stuart-Grab ist kein Monument für Päpste. Es ist eine feine, klassizistische Arbeit Antonio Canovas (1817/19). Die schottischen und dann englischen Stuarts

kommen hierher, weil sie, nach der *Glorious Revolution* von 1688 vom englischen Thron vertrieben, zuletzt nur noch beim Papst Zuflucht fanden, nachdem nach und nach alle, auch die katholischen Mächte, die Hannoveraner in England anerkannt hatten. Es saßen hier also James Stuart, »the Old Pretender«, der sich eigensinnig König Jacob III. nannte, »the Young Pretender« Charles Stuart, besser bekannt unter seinem Spitznamen »Bonnie Prince Charlie«, der 1745 einen Versuch unternahm, die britische Insel zu erobern, was in der blutigen Schlacht von Culloden 1746 sein Ende fand. Bonnie Prince Charlie, bei dessen Namen stuarttreuen Schotten (und die gibt es genug) noch heute die Tränen kommen, zog sich nach Rom und in den Suff zurück und hinterließ seinen Thronanspruch seinem Bruder, dem Cardinal Henry Stuart, der dann als letzter Stuart in Rom starb. Wenige Schritte weiter, vor der Rückseite des zweiten Pfeilers links, ist hoch oben besagtes Grabmal für Papst Innozenz VIII. angebracht, eine großartige Arbeit des Antonio Pollaiuolo, in der Anlage noch mittelalterlich (es stand oder hing auch schon in Alt-St. Peter), in den Formen aber der Renaissance. Innozenz VIII., vorher Giovanni Battista Cibò (1484–1492), verdient das schöne Grabmal wahrlich nicht, er war ein Scheusal, unmoralisch, bestechlich und faul, nur bei der Zeugung unehelicher Kinder nicht, die er auf Kosten der Kirche reich versorgte. Er förderte die Inquisition und die Hexenverbrennung und versuchte (wie erwähnt) die Katzen aus Rom zu vertilgen. Auf dem Grabmal ist Innozenz gleich zweimal dargestellt, einmal liegend als Toter und einmal sitzend mit einer Tortenschaufel in der Hand.

Mit dieser »Tortenschaufel« hat es eine eigene Bewandtnis, und die verweist weit in die Türkei. In der osmanischen Dynastie der türkischen Sultane war es üblich, ja sogar, horribile dictu, durch eine Thronfolgeordnung Mehmeds II. vorgeschrieben, daß der Thronfolger im Nachfolgefall, also nach dem Tod des alten Sultans, alle seine Brüder töte, um Thronwirren zu vermeiden. Bayazid II., 1481 der Nachfolger Mehmeds II. (des Eroberers von Konstantinopel), hielt sich daran, allerdings entkam ihm einer der Brüder: Prinz Djem (oder Dschem). Nach vergeblichem Versuch, den Bruder zu stürzen, brachte der sich bei den Johannitern auf Rhodos in Sicherheit, die ihn zwar ehrenvoll behandelten, aber streng bewachten, erst auf Rhodos, dann in Frankreich. Sie drohten dem Sultan ständig, den Djem sozusagen von der Leine zu lassen, wovon sich Bayazid durch politische Zugeständnisse loskaufte. 1489 wurde Djem nach Rom gebracht, denn die Johanniter verkauften dieses Faustpfand an den Papst. Auch in Rom wurde Djem gut behandelt. Er dichtete Ghaselen, Pinturicchio porträtierte ihn als Nebenfigur auf dem Pferd in einem Fresko einer der Borgia-Stanzen.
Nun zahlte der Sultan dem Papst Stillhaltegeld, denn Djem war nach wie vor eine Bedrohung für Bayazid; und nicht nur Geld, sondern auch Naturalien, wenn man so sagen kann. Im Johannes-Evangelium steht (19,34 f.), daß ein römischer Soldat, der in den aprokryphen »Pilatus-Akten« Longinus genannt wird, dem ans Kreuz genagelten Jesus mit einer Lanze in die Seite stach. Diese nunmehr heilige Lanze fand (dreihundert Jahre später!) die heilige Helena, Mutter Kaiser Constantins I., in Jerusalem und ließ sie in der Grabkirche

verwahren. Vor einem Persereinfall 614 brachte man die Spitze der Lanze nach Konstantinopel, wo sie sich offenbar in mehrere Lanzenspitzen aufspaltete, denn eine hl. Lanze wurde zu Zeiten des sog. »Lateinischen Kaisertums« an Venedig verpfändet, von der Republik an den französischen König übergeben, der sie in der Sainte-Chapelle aufbewahrte, von wo sie in der Revolution 1789 verschwand. Eine andere hl. Lanze gelangte in den deutschen Königsschatz und liegt heute mit anderen Kroninsignien in der Wiener Hofburg. Die dritte hl. Lanze, die ganz echte (die anderen sind auch echt, aber nicht ganz so), fiel bei der Eroberung Konstantinopels dem türkischen Sultan Mehmed II. in die Hände, der sie seinem Sohn Bayazid II. vererbte, und der schenkte sie Papst Innozenz VIII., damit der den gefährlichen Prinzen Djem weiterhin an der Leine halte. Innozenz war so stolz auf den Erwerb dieser Tortenschaufel, daß sie auf seinem Grabmal abgebildet wurde. Die »echte« ist, damit sie nicht gestohlen wird, im sog. Longinus-Pfeiler in der Peterskirche eingemauert.

Man soll ein Huhn, das goldene Eier legt, nicht schlachten. Innozenz' Nachfolger, der sattsam berüchtigte Papst Alexander VI. Borgie, tat es doch, weil er dringend Geld brauchte, und zwar sofort, und ließ den Prinzen Djem 1494 nach Zahlung einer sehr großen Geldsumme seitens des Sultans vergiften.

Ganz vorne, links nach dem Querschiff, steht das Grabmal Papst Alexanders VII. Chigi (1655–1667) von der Hand Gian Lorenzo Berninis. Der hoch oben auf einem Podest kniende Papst mit Spitzbart wird umgeben von verschiedenen allegorischen Figuren, u. a. einem Gerippe, das einen ungeheuren polychromen »Vorhang« aus Marmor aufhält, eine »Caritas« (links) und eine »Veritas« (rechts) – die Wahrheit wird, so gehört es sich, wenn sie wirklich das sein soll, was sie vorstellt, als nackte Wahrheit abgebildet. Das hat Bernini auch getan, aber das war, scheint's, zu sinnlich für die Kirche. Wenn man (und es schaut grad kein Kustode her) mit einem Stock oder Schirm hinauflangt und leicht gegen das Gewand der »Veritas« klopft, tönt es hohl: Das Gewand ist aus Blech. Darunter verbirgt sich also eine Arbeit Berninis, die seit ihrer Entstehung niemand mehr gesehen hat.

Von Bernini stammt auch der Baldachin über dem Papstaltar. Daß die Säulen aus dem Raub der Bronzeplatten vom Pantheon stammen, sei nebenbei erwähnt. Der Baldachin und der Papstaltar stehen, das sieht man, wenn man etwas zur Seite geht, nicht exakt zentral unter der Kuppel. Man vermutet, daß Julius II. das so planen ließ, weil er davor, und dies zentral unter der Kuppel, sein Grabmal habe aufstellen lassen wollen, für das er Michelangelo bereits den Auftrag gegeben hatte. Es wurde nie realisiert; das berühmteste der wenigen fertiggestellten Stücke ist der »Moses«, der heute in S. Pietro in Vincoli steht.
Bernini – oder war es einer seiner Schüler? – leistete sich den Jux, verschiedene kleine Dinge, die eigentlich überhaupt nicht hierhergehören, am Sockel des Baldachins anzubringen: ein Geldbeutel, Münzen, eine Ei-

dechse – man sieht sie nur, wenn man ganz nahe hingeht und sich hinaufreckt. Und die Wappenmasken mit den Bienen rund um den untersten Sockel seien, sagen die Römer, eine Abfolge der Darstellung einer Schwangeren und Gebärenden – tatsächlich wird der »Bauch« von Kartusche zu Kartusche runder, das weibliche Gesicht mehr und mehr schmerzverzerrt, und ganz zuletzt lacht ein Kinderkopf …
Beim Aufbau des Papstaltares und des Baldachins war Francesco Borromini einer der Helfer Berninis. Bernini war ein genialer Bildhauer, ein nicht ganz so genialer Architekt und ein miserabler Statiker, was sich später sowohl bei den Uhrtürmen der Peterskirche, die die Basilika fast zum Einsturz brachten, und bei den »Eselsohren« des Pantheons zeigte. (Diese »Eselsohren«, so der Volksmund, waren zwei lächerliche Turmaufsätze, die Bernini über dem Porticus anbringen ließ, heute längst wieder entfernt.) Nach Berninis Plänen sollten die Engel auf ihren erhobenen Fingern den obersten Baldachinaufsatz tragen. Borromini sagte: Das geht statisch nicht. Es gab Streit, aber letzten Endes musste es Bernini grollend einsehen. Der oberste Aufsatz wurde heruntergesetzt, die Engel mit nun sinnlos erhobenen Fingern tragen nur noch eine unmotivierte Kette. Bernini hat Borromini nie verziehen, daß der in diesem Punkt recht hatte. Sie blieben Feinde ein Leben lang.

Ein hübsches Detail ist am Grabmal Gregors XIII. Buoncompagni zu finden (am dritten Pfeiler außen rechts). Am Sarkophag ist ein Basrelief angebracht, das in anschaulicher Weise die Szene darstellt, in der der Papst die Kalenderreform befiehlt. Bekanntlich hat sich ja seit der Zeit der Kalenderreform durch Julius Caesar das Frühlingsaequinoctium verschoben, weil 129 julianische Jahre astronomisch gesehen um einen Tag zu lang waren. Schon im IV. Jahrhundert fiel auf, daß damit der Ostertermin ins Wanken geriet. Um 1600 waren seit Caesars Zeiten ungefähr 13mal 129 Jahre vergangen, und somit das Frühlingsaequinoctium unschön auf den 11. März vorgefallen. Cardinal Nikolaus Cusanus war einer der ersten, die das berechneten, aber erst Gregor XIII. ließ durch eine Kommission von Gelehrten, der unter anderem der deutsche Mathematiker Clavius aus Bamberg angehörte, Vorschläge zur Kalenderreform machen.

Auf dem Basrelief ist offenbar die Schlußdebatte dargestellt: Konservative ringen die Hände, Fortschrittliche deuten auf die Tafeln mit Berechnungen usw. Ganz links schaut ein Prälat durch Augengläser aufmerksam auf die aufgeregte Szene. (Es dürfte dies die früheste plastische Darstellung von Augengläsern sein.) Und darüber der Papst, der mit herrischer Geste sagt: So wird's gemacht und Schluß.

Und in der Tat verfügte der Papst durch ein Breve vom 24. Februar 1582, daß auf den 4. Oktober dieses Jahres sofort der 15. zu zählen sei. (In dieser Nacht vom »4. auf 15.« Oktober 1582 starb in Alba de Tormes jene hl. Teresa de Avila, deren Verzückung, von Angehörigen der Familie Cornaro mehr oder – wer weiß – weniger aufmerksam betrachtet, in der Cornaro-Kapelle in S. Maria della Vittoria zu sehen ist, ein ganz großes Meisterwerk Beninis.)

Die katholischen Länder nahmen den verbesserten Kalender, der – die wichtigste Neuerung – ein fast perfektes Schaltjahrsystem beinhaltet, sogleich an, die evangelischen Länder folgten, da sie nur ungern papistische Errungenschaften akzeptierten, sehr zögerlich. Einige protestantische Kantone der ohnedies bedächtigen Schweiz entschlossen sich erst 1798 zur Kalenderreform, die orthodoxen Länder Ost- und Südosteuropas zählten noch das ganze XIX. und zum Teil das XX. Jahrhundert hindurch nach dem julianischen Kalender: Rußland bis 1918, Griechenland bis 1923 und Rumänien bis 1924 – weshalb etwa Igor Stravinsky zwei Geburtstage hatte: 17. Juni 1882 nach westlichem, 5. Juni 1882 nach russischem »alten Stil«.

Als vor einigen Jahren die erregende (und sehr schnell dementierte) Meldung durch die Presse ging, daß der Vatican aus Geldnot darangehen wolle, seine Kunstwerke zu verkaufen, schlug mein Freund Lothar Pauckner vor, daß wir sofort nach Rom fahren sollten, um uns die besten Stücke zu sichern. »Welches nimmst du?« fragte ich. »Selbstverständlich das Sixtus-Grab.« Lothar Pauckner, eigentlich Physiker und Professor für Drucktechnik, viel zu früh an einer tückischen Krankheit verstorben, war ein hervorragender Kenner namentlich des Forums und des Palatins. Viele Male waren wir zusammen in Rom, meine Kenntnis der Stadt verdanke ich den unzähligen Spaziergängen, Besichtigungen und Gesprächen mit ihm. Er war ein Freund, zwischen dem und mir es nie auch nur den Hauch eines Mißverständnisses gegeben hat. Die Aufenthalte in

Rom mit ihm gehören zum Beglückendsten, was ich in meinem Leben erfahren durfte. Ich konnte nach seinem Tod lang an Rom nicht einmal denken, ohne den Schmerz in der Brust zu spüren.

Zwei Kunstwerke waren Gigo, so hieß Prof. Pauckner im Freundeskreis, besonders wichtig in Rom: die *Ara Pacis* und das *Sixtus-Grab*.

Das Sixtus-Grab, also das ehemals in Alt-St. Peter aufgestellte Flachgrab für Papst Sixtus IV. (1471–1484), ist das Hauptwerk Antonio Pollaiuolos, 1493 vollendet und datiert. Es steht jetzt, vorzüglich präsentiert, im *Museo Storico Artistico-Tesoro di S. Pietro* (Eingang in der Basilika links). Der tote Papst liegt in Bronze auf Kissen auf einem Art Katafalk, um ihn herum sozusagen einrahmend die Kardinaltugenden, vor allem aber in den Laibungen des Katafalks die hinreißenden Hochreliefs der zehn Freien Künste: Rhetorik, Grammatik, Perspektive, Musik, Geometrie, Theologie, Philosophie, Arithmetik, »Astrologie« (= nach damaligem Begriff die Astronomie, nicht die Afterkunst der Sterndeutung) und Dialektik – alle dargestellt durch mehr oder weniger, meist weniger bekleidete Damen mit ausgesucht schönen Finger- und Zehenhaltungen. Man kann stundenlang herumgehen und die Damen und ihre Insignien betrachten und überlegen, welche zwar ein Kleid, aber keine Sandalen, welche Kleid *und* Sandalen, welche Sandalen, aber kein Kleid anhat – und welche ganz nackt ist: die Theologie. Ein christliches Symbol ist bei den ganzen Damen nicht zu finden, daher vermute ich, daß es fröhliche Heidenmädchen sind, die hier den toten Sixtus umtanzen. Ob einmal ein Choreograph das Sixtus-Grab betrachtet und angeregt wird –?

Noch einmal zu Roms typischen Vierbeinern: Abgesehen also von den zahlreichen sozusagen solitär auftretenden Katzen überall im Rom gibt es gewisse von Katzen bevorzugte Plätze: das Colosseum, wo sie in den von Gittern abgesperrten Gewölben – wenn man so sagen kann – nisten, an der Cestius-Pyramide, wo ihnen manchmal Freunde Innereien-Abfälle von den nahe gelegenen Großmarkt-Hallen hinunterwerfen, am Grabmal des Augustus, wo es offenbar tiefunterirdische Verstecke gibt, am Largo Torre Argentina, wo sie sich abgesehen vom erwähnten Katzenasyl in den unzähligen Winkeln und Nischen der sog. Republikanischen Tempel verbergen können (die Katzen vom Largo Torre Argentina waren die Lieblingskatzen der großen, bewundernswerten Anna Magnani, der »Mamma Roma« in Pasolinis herbem und schönem Film, angeblich ist sie bis zu ihrem Tod regelmäßig hierhergegangen, um *ihre* Katzen zu füttern und mit ihnen zu reden), und – meine Favoritkatzen – in den noch weit tiefer als das heutige Straßenniveau liegenden Überresten der Gladiatorenschule, des *Ludus Magnus* an der Ecke Via Labicana, Via San Giovanni in Laterano und Piazza del Colosseo. Wer diese Katzen beobachtet, wird ohne Zweifel ihre Kraft und Beherztheit erkennen, die wohl die Aura der Gladiatoren verleiht, die ganz leise und von fern dort unten noch weht.

Gleich daneben liegt das *Caffè Martini*; wenn man die Katzen gefüttert hat, kann man sich dort hinsetzen und ausruhen. Architektonisch oder kunstgeschichtlich ist das Caffè Martini zugegebenermaßen nicht von Bedeutung, aber erstens gibt es dort Münchner Bier vom Faß (das italienische Essen und Trinken ist bekanntlich das beste der Welt, manche meinen – der Verfasser gehört dazu –: das *einzig* genießbare, nur: das italienische Bier ist nicht jedermanns Sache), es fährt die hervorragende Straßenbahn der Linien 13 und 30 vorbei, manchmal, wie erwähnt, ein Juwel der Transportgeschichte, so nahe, daß man die Füße einziehen muß, wenn man an den Tischen vor der Bar heraußen sitzt, was man aber tun sollte, denn der so kontemplative wie aufregende Blick auf das gegenüberliegende Colosseum ist nicht anders als gigantisch und ergreifend zu nennen, namentlich, wenn man nach einem heißen Besichtigungstag in Staub und Mühe hier im Schatten vor einem kühlen Bier sitzt. Je nach Jahreszeit zwischen fünf und sieben Uhr geht die Sonne hinter dem Palatin unter und beleuchtet den grauen Stein des Colosseums, der davon – für einige Minuten – wie von innen golden und rosig zu leuchten beginnt, ein Schauspiel von unbeschreiblicher Schönheit, das mit Worten nicht und nicht mit Photographien wiedergegeben werden kann. Raffael, der – ich zweifle nicht – einst auch vor dem »Martini« gesessen ist (mag sein, es hat damals anders geheißen) und dieses Phänomen beobachten konnte, hat dieses einmalige golden-rosige Leuchten im Gewand der Sibylla Persica auf dem Wandbild in der Kirche Santa Maria della Pace wiedergegeben. Er war wohl der einzige, der das konnte.

Die Linie 13 fährt vorüber, quietscht gräßlich in der Kurve zur Via Labicana, verdeckt einen Moment den Blick auf den gold-innen-schimmernden Stein des Colosseums und bringt uns zurück zu Nüchternem: Das öffentliche Verkehrssystem Roms ist vorzüglich und jedenfalls besser als sein Ruf, habe ich festgestellt. Es ist zwar üblich, daß der Römer über Unpünktlichkeit schimpft – aber worüber schimpft der Römer nicht? Es ist nicht zuviel gesagt, wenn man behauptet, es verkehre von jedem wichtigen Punkt zu jedem wichtigen Punkt der Stadt eine Buslinie (es sind dies die orangefarbenen Busse der ATAC, der städtischen Verkehrsbetriebe), und die Busse fahren auch in der Nacht relativ oft. Es sind eigene Nachtlinien eingerichtet. In vielen Straßen haben sie gesonderte Bus-Spuren, so daß die Busse schneller vorankommen als der Individualverkehr. Freilich: In der absolut diabolischen römischen Rush-hour sind die Busse auch nicht gefeit davor, im unglaublich stinkenden Stau steckenzubleiben. Dann hilft nur Geduld, und es ist gut, wenn man vielleicht eins der Bücher dabeihat, die ich im Anhang erwähnen werde, und während man also steht, kann der Geist über die Vergangenheit der Ewigen Stadt hinwegfliegen.

Von der Straßenbahn wurde schon gesprochen. Daneben gibt es die »Metropolitana«, die Untergrundbahn, drei Linien A, B und C. Viel schmutziger als die Berliner S-Bahn ist sie auch nicht ... In die Umgebung, in die Castelli etwa oder nach Ostia, verkehren die Busse der ACOTRAL (die sind blau) oder Vorortszüge. Die romantische Straßenbahn nach Tivoli gibt es, leider, schon lange nicht mehr. Wer Zeit hat, wer in Rom alles sonst schon gesehen hat, kann sich aber den Jux machen, an der Porta del Popolo (außerhalb, an der Piazza Euclide) mit der Lokalbahn »Roma Nord« eine

Rumpelfahrt durch ländliche Gegenden zu unternehmen, so wie sie Theodor Wieser (ehemals *NZZ*-Korrespondent in Rom) in einem der liebenswürdigsten Rom-Bücher beschrieben hat: »Ewiges Rom auf Zeit«.

Linienführung und Haltestellen ändern sich allerdings oft. Man muß sich informieren, oft stimmt der Plan vom vorigen Jahr nicht mehr; wer sich aber die Mühe dieser Information macht, kommt weit billiger und vor allem schneller vorwärts als mit dem Taxi. Wenn man aber trotzdem ein Taxi nehmen will, dann *nur* die konzessionierten: Die sind weiß, tragen eine Nummer und sind mit einer Taxameteruhr ausgerüstet. Überall, wo Fremde zu vermuten sind, bieten nichtkonzessionierte Taxifahrer, die behaupten, billiger zu sein, ihre Dienste an. Es handelt sich samt und sonders um Betrüger. Die Beschickung der Taxistandplätze in Rom ist übrigens, wie vieles in der Stadt, rätselhaften Gesetzen unterworfen. Während irgendwo in der Stadt, am Pincio meinetwegen, sich müßige Taxifahrer drängen und kaum mit ihren Wagen Platz haben und sich die Zeit damit vertreiben, über die Siegeschancen von *Roma* oder *Lazio* zu diskutieren (das sind die zwei maßgeblichen Fußballclubs, die die *tifosi* – die vom Fußball-Typhus Ergriffenen – in zwei große Lager teilen), währenddessen warten auf dem Platz vor Roma Termini, wo auch die Busse vom Flughafen ankommen, Hunderte von Leuten, und es ist weit und breit kein Taxi zu sehen. Wiederum hilft nur Geduld.

Die öffentlichen Verkehrsmittel in Rom sind, verglichen mit anderen Großstädten, billig. Für Touristen empfiehlt sich eine Tageskarte oder eine »Settimanale« (für eine Woche). Man stempelt das erste Mal und fährt dann einen Tag bzw. eine Woche so oft und wohin man will. Die Biglietti gibt es entweder an größeren Endhaltestellen oder in jedem Tabakgeschäft, die ein ATAC-Schild an der Tür o. ä. angebracht haben. Aber nun ja – es ist nicht zu leugnen, und man weiß nicht, ob man das als ärgerlich oder als charmante Schlamperei empfinden soll: Bei diesem »tabacchaio« sind die Tageskarten, bei jenem die »settimanale« grad ausverkauft. Wieder rettet einen der Spruch (es war die italienische Lebensmaxime der großartigen, unvergessenen Ingeborg Ende, Frau Michael Endes, sie ruht lang schon auf dem Cimitero acattolico): »Coraggio e pazienza«. Mut und Geduld.

Ein großartiges Erlebnis, das tiefe Einblicke in die politischen Strukturen Italiens lieferte, hatte ich in Zusammenhang mit der Tageskarte. Ich wollte wissen, ob die Tageskarte, die laut Aufschrift 24 Stunden gültig ist, von 0 bis 24 Uhr gilt oder vom Zeitpunkt des Abstempelns an 24 Stunden. Ich fragte den verkaufenden Tabacchaio, den uniformierten Ober-Omnibusaufseher an der Piazza S. Silvestro, das Informationsamt der Stadt Rom und zuletzt das Verkehrsministerium. Ich bekam vier verschiedene Antworten. Ich rate dazu, von einer Geltungsdauer vom ersten Abstempeln bis 24 Uhr auszugehen. Wenn der höchst unwahrscheinliche Fall einer Fahrkartenkontrolle eintritt (was, meiner Erfahrung nach, etwa pro Jahrzehnt einmal vorkommt), weise man dieses Büchlein vor …

Vielleicht gehört zu einer Einladung nach Rom auch der folgende nützliche Hinweis: Eine Einzelfahrkarte (»Metrobus Roma«) für Bus, Tram und/oder Metro, gültig 75 Minuten ab Abstempelung, bis zu dreimal Umsteigen möglich, kostet (2002) 0,77 €, die Wochenkarte 12,39 €. Die sicherste Stelle zum Erwerb ist nach wie vor das ATAC-Häuschen an der Endstation vor Roma Termini.

Die Zugverbindung vom Flughafen Leonardo Da Vinci in Fiumicino (wofür die ATAC-Karten nicht gelten) nach Stazione Trastevere oder Stazione Termini kostet (einfache Fahrt) 8,80 €. Die Karten kann man bequem an der von der Flughafenankunft zu Fuß erreichbaren Abfahrtshalle der Züge kaufen. Die Züge verkehren tagsüber alle 20 Minuten und fahren bis Termini ca. 25 Minuten. Zum Vergleich: Ein Taxi braucht je nach Verkehrslage 45 Minuten bis eine Stunde, und die Fahrt kostet 35 bis 45 €.

Wir kehren – vielleicht von einem Ausflug mit dem ACOTRAL nach Tivoli, wo im Garten der idyllischen Villa d'Este die schon von Liszt in einem Klavierstück beschriebenen Wasserspiele plätschern und wo die Reste der großartigen Hadrians-Villa stehen – zurück und dahin, wo wir oben stehengeblieben sind: bei der Bevölkerungszahl von fast einer halben Million im Jahr 1896. In den nächsten vierzig Jahren stieg die Bevölkerungszahl um eine glatte Million an (1938: 1,57 Millionen). Der Bauboom hatte allerdings etwa mit Beginn des Ersten Weltkrieges seinen Scheitelpunkt erreicht. Mit der Scheußlichkeit des sog. *Vittoriano*, das im Jahr

1911 fertig und eingeweiht wurde, setzte sich die Zerstörung des mittelalterlichen und päpstlichen Rom selber das krönende Denkmal. Das Monument gilt dem ersten König von Italien: Vittorio Emanuele II. Wie der *erste* König Italiens gleich der *römisch-zweite* sein konnte, ist auch so ein Trick der in Rom nie so recht beliebt gewesenen Sovoyarden: Die italienischen Könige aus dem Haus Savoyen zählten die vergangenen Könige von Sardinien mit. Wieweit dieser Vittorio Emanuele II. tatsächlich ein um die Einigung Italiens verdienter Herrscher war, ob nicht eigentlich dem Garibaldi oder dem Conte Cavour der Platz auf dem Vittoriano gebühre und ob überhaupt die Einigung Italiens, das *Risorgimento*, ein Verdienst war, sind weite Felder von Fragen, die hier nicht beantwortet werden können. In Norditalien kursiert hinter vorgehaltener Hand das bösartige Wort: das Risorgimento habe nicht Italien geeint, sondern Afrika geteilt ... weil es, so meint etwa der Mailänder, das eigentlich zum schwarzen Kontinent zählende Süditalien von Afrika abgetrennt habe.

Daß das Vittoriano in jüngster Zeit aufgewertet worden ist, wurde schon berichtet. Es war zwar früher schon partiell zugänglich, nämlich soweit es Museo centrale del Risorgimento ist: eine martialische Sammlung meist uninteressanten patriotischen Kitsches, unter anderem ein ganzes Kanonenboot. Das Bemerkenswerteste an der ganzen Sammlung ist die Photodokumentation, die zeigt, wie man das Kanonenboot ins Vittoriano gebracht hat.

Ich erlaube mir die Abschweifung zu einem anderen Militärmuseum: dem Infanteriemuseum neben S. Croce in Gerusalemme. Mein Freund Gigo und ich wollten es leichtfertig besuchen. Sogleich stellte ein höherer General einen Leutnant ab, der uns liebenswürdig und höflich führte, aber gnadenlos jedes der (schätze ich) zweihundert Infanteriebajonette und jede der vierhundert Regimentsfahnen erläuterte ... Ein ähnlich schönes Museumserlebnis hatte ich, als ich das – mich faszinierte selbstredend der Name – »Museo delle Anime del Purgatorio« besuchte, das »Seelen im Fegefeuer«-Museum, das sich in der Sakristei der neogotischen Kirche Sacro Cuore del Suffregio (Heilig-Herz von der Fürbitte) befindet. Ich will dem Pfarrer Gerechtigkeit widerfahren lassen: Er war peinlich bemüht, als ich ihn danach fragte, und er war sichtlich ärgerlich darüber, daß er nicht befugt war, die Exponate wegzuwerfen. Es waren – zum Teil angesengte! – Briefe Verstorbener aus dem Fegefeuer. Zum Teil mit Briefmarken, und zwar seltsamerweise mit italienischen.

Zurück zum Vittoriano: Seit einiger Zeit werden, wie erwähnt, die Räumlichkeiten zu wechselnden Kunstausstellungen benutzt. Und ich will doch gegenüber den Künstlern, die den Figurenschmuck dieses Monuments gestalteten, nicht ungerecht sein. Zwar ist das Bauwerk städtebaulich gesehen und als Fremdkörper im historischen Stadtbild ein Unding, aber wenn man einmal davon absieht und den Figurenschmuck aus der Nähe und im Detail betrachtet, findet man reizvolle Jugendstilarbeiten von hoher Qualität.

Nur noch einmal, unter Mussolini, schlug man Rom eine ähnliche Bauwunde: die (1933 eröffnete) »Via dei

Fori Imperiali«, die vom Colosseum in gerader Linie zur Piazza Venezia führt. Sie fällt zwar nicht so auf wie das Vittoriano, aber sie zerteilt die Foren in brutaler Weise und hat zahllose archäologische Denkmäler unter Asphalt begraben. Mussolini hat diese rücksichtslose Schneise, eine breite, sechsspurige Straße, legen lassen, angeblich, um dem Verkehr aus den vielbevölkerten Vierteln am Caelius und um S. Giovanni in Laterano ins Zentrum zu dienen, in Wirklichkeit, um Platz für seine Aufmärsche zu schaffen, an denen ihm mehr lag als an den Proportionen des Stadtbildes und dem Wert der Altertümer, die sich gerade hier häufen. Es gibt immer wieder Pläne – auch im Zusammenhang mit dem Umweltschutz und der Verkehrsberuhigung –, die »Via del Fori Imperiali« wieder zu beseitigen. Das schönste Projekt wurde unlängst ventiliert: einen großen archäologischen Park- und Fußgängerbereich aus dem ganzen Areal zwischen Esquilinabhang, Colosseum, Palatin, Forum und Capitol zu schaffen. Ob das je Wirklichkeit wird, ist natürlich die Frage. Daß dabei gleichzeitig das Vittoriano wieder abgebrochen würde, wage ich nicht zu hoffen. Der Architekt dieses Augenschrecks hieß übrigens Sacconi, und ich behaupte, daß dieser Sacconi Rom genauso geschadet hat wie ein fast namensvetterliches Ereignis: der *Sacco di Roma* (1527), wo es unseren Landsleuten, den Landsknechten Kaiser Karls V., fast gelungen ist, nach der Eroberung Roms die Stadt plündernd auszulöschen und die Bevölkerung auszurotten. (Wer gute Nerven hat, mag die Schilderung der gräßlichen Ereignisse bei Gregorovius im letzten Band nachlesen; sie geht zum Teil auf den dummdreisten Bericht eines schwäbischen Landsknechts zurück, der dabei war.) Das Vittoriano-Denkmal ist nicht aus Marmor, der wäre milder und grau geworden, sondern aus billigerem Botticino-Kalkstein, der weiß bleibt; dieses Material wurde gewählt, weil einem Vetter Sacconis der bewußte Steinbruch gehörte. O Italia! Das Schlimme an dem Denkmal ist, daß es nicht irgendwo in der Poebene steht, sondern eben mitten in Rom, und den ehemaligen Hauptakzent der Stadtmitte, den Capitol-Hügel, anmaßend überragt und entwertet. Dieser Sacconi muß Sinn und Maß für Proportionen wie ein Mutterschwein gehabt haben (das sich bekanntlich wegen seines schlechten Augenmaßes immer auf die Ferkel legt), aber man kann nichts mehr machen. Italienische Patrioten würden aufjaulen, wenn man es abrisse, japanische Touristen halten es für antik, und viele Italiener, die von außen in ihre Hauptstadt kommen, behalten nichts als dieses Vittoriano und vielleicht die bombastische Wachablösung vor dem *Milite Ignoto* (dem Unbekannten Soldaten) dort in Erinnerung. Das eigentliche Denkmal, also das Reiterstandbild jenes erwähnten Vittorio Emanuele II., obwohl 12 m hoch, verschwindet fast, weil es von einem Halbrund aus Säulen umfaßt und seitlich von zwei Flankentürmen überragt wird; alles in allem sieht es aus wie eine jener alten, hohen Schreibmaschinen, und so wird das Scheusal im Volksmund auch genannt: Die treffende Bezeichnung stamme, sagt man, von Henry James. Als wahrer Freund Roms gibt es eigentlich nur zwei Möglichkeiten, mit der »Schreibmaschine« fertig zu werden: Man erzieht sein Auge dazu, die optische Katastrophe nicht mehr zu sehen (wie es Eckard Peterich empfiehlt), oder man findet sie schön. Dazu ist eine ganz leise, weil kraß häretische Anmerkung zu machen: Im Kern ganz unrecht haben die erwähnten Japaner, die das Gebäude für antik halten, nicht. Es ist zu vermuten, daß manche der Gebäude, die Augustus und seine Nachfolger in Rom aufführen ließen, in ihrem vordergründigen Prunk, in ihrem Schwelgen in protzigem Schein, vor allem in ihrer rigorosen Gedrängtheit auf Forum und Palatin auch nicht viel besser waren als das Vittoriano und vielleicht auf uns, würde das alles plötzlich auferstehen, einen ähnlich verheerenden Eindruck machten. Die edlen Reste der römischen Vergangenheit, die heute vor uns liegen, sind bis zu unseren Augen durch den mildernden Sekundäreffekt der Ruinosität gegangen, was wir möglichst nicht vergessen sollten.

Nochmals zur Bevölkerungszahl: In den auf 1938 folgenden 40 Jahren hat sie sich noch einmal fast verdoppelt. Für den 31. Dezember 1975 wurde die offizielle Einwohnerzahl mit 2 874 838 ausgegeben. Da natürlich eine bedeutende Dunkelziffer illegal hier Wohnender anzunehmen ist, dürfte die wahre Zahl weit höher liegen. Seitdem stagniert die Zahl zum Glück. Dennoch sind die sozialen und ökologischen Probleme, die diese Zuwanderungen (hauptsächlich aus Süditalien und Sizilien) aufgeworfen haben, noch längst nicht gelöst, und sie werden sich wohl auch nie lösen lassen, es sei denn durch Abwanderung, die aber natürlich nicht zu erwarten ist. So zieht sich um fast ganz Rom ein Gürtel von Halb-Slum-Siedlungen (»Borgate«), freudlosen Sozialwohnungen und Bauruinen, und in Vierteln wie Tor Bellamonaca, Trullo, Tiburtino Terzo sind die sozialen Spannungen groß, Drogen werden dort gehandelt (leider allerdings nicht nur dort), die Kriminalität ist größer als anderswo in Rom. Der Besuch dieser Viertel kann nicht empfohlen werden, lohnt ja auch nicht.

Man kann Rom auf vielerlei Weise kennenlernen. Jeder wird sich, wenn er es überhaupt will, mit dieser Stadt in seiner eigenen Art anfreunden. Für jeden ist diese Stadt, und das ist vielleicht der Zauber an ihr, eine andere: *Mamma Roma*, die auch für jedes ihrer Ziehkinder eine eigene Art hat, mit ihm zu reden. Eine der Arten, Roma kennenzulernen, ist, ziellos kreuz und quer durch die dreizehn Stadtteile (Rioni) herumzulaufen, bis sich das Gehirn dem Stadtplan angepaßt hat. Das ist vielleicht keine wissenschaftliche, keine zeitsparende, aber eine animalische Weise, die Topographie zu erforschen. Das Büchlein hier macht es ähnlich. Der Leser wird gemerkt haben, daß es aus Abschweifungen besteht, und irgendwo hat es die Erzählung vom Lauf der Geschichte verlassen, um, wie es ihm eben eingefallen ist, in eine im Augenblick interessantere Seitengasse abzubiegen. Und wie bei einer solchen ziellosen Stadtwanderung verblüfft es, wenn man plötzlich und unerwartet aus einer anderen kleinen Seitengasse wieder auf den großen Platz trifft, den man spielerisch verlassen hat. Der (imaginäre) Platz heißt: *Piazza della storia di Roma*, ist groß, weit, unübersehbar, von Trümmern übersät, es sind Schichten auf Schichten getürmt, und jeder Stein spricht von Pracht und Herrlichkeit, aber auch von Grausamkeit und Leid.

Wenn man auf dem Palatin steht und von der Plattform der Gärten aus, die sich oberhalb von S. Teodoro hinziehen, zum Tiber hinschaut und das Spiel spielt: Welche Kuppel, welcher Campanile gehört zu welcher Kirche?, fällt einem eine auf, die relativ anders ist als alle anderen, eine andere Farbe hat und anders glänzt, und das kommt daher, daß sie aus Aluminium ist, und es ist die Kuppel der 1904 erbauten Synagoge, die größte der drei Synagogen, die es heute in Rom gibt. Juden sind in Rom schon im II. Jahrhundert v. Chr. nachweisbar, zur Zeit des Augustus sollen es über 10 000 gewesen sein, die ersten Christen galten als jüdische Sekte. Im Gegensatz aber zu den hartnäckig martyriumsfreudigen Christen arrangierten sich die Juden mit dem Kaiserstaat und Götterkult pragmatisch und lebten hier friedlich und unbeschadet bis ins Mittelalter. Erst als sich die weltliche Herrschaft der Päpste verfestigte und damit der Antisemitismus, verschlechterte sich die Lage der Juden, allerdings nie so kraß wie anderswo, etwa in Deutschland. Es mag mit der Tatsache zusammenhängen, daß nicht nur viele Juden Ärzte, sondern auch die besten Ärzte Juden waren. Noch Leo XIII. (1878–1903) hatte einen jüdischen Leibarzt.

In antiker Zeit wohnten die Juden in geschlossenen Quartieren im Trastevere, später verlagerte sich das auf die Tiberinsel und das angrenzende rechte Tiberufer. Dort bildete sich vom XIII. Jahrhundert an ein belebtes, volkreiches Judenviertel, das als eigene »Region« galt und sogar so etwas wie eine eigenständige kommunale Verfassung hatte. Unter dem besonders engstirnigen, bösartigen und fanatischen Papst Paul IV. Carafa (1555–1559), der den Charakter eines Massenmörders hatte (so sagte er: »– und wenn mein eigener Vater Häretiker wäre, würde ich das erste Scheit für den Scheiterhaufen herbeitragen«), begannen die eigentlichen Schikanen gegen die Juden. Mit der Bulle »Cum nimis absurdum« vom 15. Juli 1555 verfügte er, daß das Wohngebiet der Juden nunmehr als Ghetto mit Mauern umgeben wird, daß die Juden nur zu bestimmten Tageszeiten das Ghetto verlassen dürfen, daß sie in regelmäßigen Abständen zwangsweise Bekehrungspredigten entweder in S. Maria dei Pianti oder in S. Angelo dei Peschieri anhören müssen (welches alberne Salbadern natürlich keinerlei Wirkung zeigte, »Bekehrungen« waren kaum zu verzeichnen), daß die Männer bei Verlassen des Ghettos einen roten Mantel, die Frauen einen roten Rock und einen gelben Schleier tragen

müssen – was besonders unangenehm war, weil auch die zeitweilig mehrere tausend zählenden Huren des Dirnen-Ghettos weiter nördlich am Tiberknie gelbe Schleier tragen mußten. Entehrend war, daß die männlichen Juden gezwungen wurden, zur Belustigung des Papstes, der Prälaten und der christlichen Römer an einem der Carnevalstage nackt einen Grotesk-Wettlauf durch den Corso zu veranstalten.
Das blieb 330 Jahre so. Da sich die jüdische Bevölkerung vermehrte (so lebten bis zu 9000 im Ghetto), der ummauerte Raum aber naturgemäß nicht größer wurde, wurde es sehr eng im Ghetto, die hygienischen Zustände waren grauenvoll, dazu kam, daß das tiefliegende Gebiet in der Region S. Angelo häufig von Überschwemmungen heimgesucht wurde. Das Ghetto galt zwar als »malerisch«, aber das Leben dort war menschenunwürdig.
Welche Brutalität die Päpste gegen die jüdische Bevölkerung an den Tag legte, zeigt die seinerzeit aufsehenerregende Causa Mortara. In Bologna, das damals noch unter der Knute des Papstes stand, lebte eine jüdische Familie namens Mortara. Als Frau Mortara einen Sohn zur Welt brachte, ließ ein christliches Dienstmädchen ohne Wissen und gegen den Willen der Eltern das Kind taufen. Als die Eltern später von dieser Taufe, wenn man so sagen kann, keinen Gebrauch machten und das Kind selbstverständlich in jüdischem Glauben erzogen, schalteten sich kirchliche Stellen ein, die Sache eskalierte, ging ganz nach oben, und der Papst, es war der bornierte (– aber welcher Papst war nicht borniert ... bis heute –) Pius IX., verfügte, die Taufe sei gültig, das Kind Edgardo Mortara also Christ, und er befahl, daß

den Eltern das Kind mit Gewalt weggenommen werde, was auch geschah. Trotz aller Proteste, Gegenvorstellungen und internationaler Proteste (u. a. sogar seitens des nun wirklich stockkatholischen österreichischen Kaisers Franz Joseph) wurde das Kind den Eltern nicht zurückgegeben, sondern in Rom erzogen – und sogar ins Priestergewand gezwängt.

Als die Französische Revolution auch nach Italien überschwappte, schaffte die leider nur kurzlebige »Römische Republik« die Ghetto-Beschränkungen ab, die Juden atmeten auf, aber nicht lang. 1823 zwang sie Papst Leo XII. wieder ins Ghetto zurück, und erst mit der Befreiung von der weltlichen Papstherrschaft 1870 wurde das Ghetto abgeschafft, das »malerische« Ghetto geschleift. Dennoch blieben viele Juden, nunmehr als freie Bürger, hier wohnen. Die oben genannte Synagoge wurde errichtet, es gibt koschere Geschäfte in dieser Gegend und, empfehlenswert, einige vorzügliche jüdische Restaurants, zum Beispiel das *Portico d'Ottavia* (feiner und teurer) oder das preiswertere und bodenständigere *Il Pompiere*. Die bekannteste jüdische kulinarische Spezialität sind die »Carciofi alla giudea«, gebratene Artischocken.

Der italienische Faschismus kannte, im Gegensatz zum deutschen, keine Rassenideologie. Erst als Mussolini 1943 hilflos ins deutsch-nazistische Fahrwasser geriet, begannen auch in Italien Judenverfolgungen, und zwar gleich sehr stark, wobei man aber nun einmal gerechterweise zugunsten der katholischen Kirche sagen darf, daß viele Klöster und Pfarrhäuser und andere Einrichtungen, selbst der Vatican, verfolgte Juden versteckten und ihnen zu überleben verhalfen. Überhaupt war der italienischen Bevölkerung dieser Rassenwahn suspekt und ging ihr gegen den Strich. Das ist, vermute ich, einesteils auf die überhaupt tolerantere Geisteshaltung dieses Volkes zurückzuführen, auf die Gesinnung: »– wer mir sympathisch und wer mir unsympathisch ist, bestimme ich selber, lasse es mir nicht von oben vorschreiben.« Wobei ohnedies der Italiener gegen alles, was von oben, vom Staat kommt, allergisch ist, ob das Steuern sind oder die Verkehrsvorschriften, und nicht zuletzt die stark laizistische Form, in der sich, als Reaktion auf die jahrhundertelange Geistesunterdrückung durch die Päpste, das italienische politische Selbstverständnis nach 1870 entwickelt hatte. Wenn, muß man bedauerlicherweise sagen, antisemitische Aktionen erfolgten, steckten meist die deutschen Besatzer dahinter – SS, aber auch, was nicht gern gehört wird, die Wehrmacht. Am 23. März 1944 explodierte ein von italienischen Widerstandskämpfern präparierter Obstkarren in der Via Rasella (nahe der Fontana Trevi), als gerade eine deutsche Patrouille vorbeimarschierte. Wie fast immer, traf es auch auf der »anderen« Seite die Falschen; die Patrouille bestand aus fußmaroden, ältlichen Hilfsgendarmen, meist Südtirolern. 32 starben bei der Explosion. Daraufhin ließ der SS-Kommandeur von Rom, Herbert Kappler, 335 »Geiseln« festnehmen und in einer Höhle an der Via Ardeatina (nahe der Via Appia Antica), der Fosse Adeatina, erschießen. (Ein erschütterndes Museum dort draußen erinnert heute daran.) Bei den »Geiseln« handelte es sich um wahllos aus römischen Gefängnissen aufgegriffene politische Häftlinge, vor allem aber um römische Juden – der jüngste 16 Jahre alt.

Kappler wurde 1945 verhaftet; 1948 wurde ihm der Prozeß gemacht, und er wurde zu lebenslänglichem Zuchthaus verurteilt, aber nicht wegen des Massenmordes insgesamt, sondern nur, weil er sich verrechnet hatte. 320 – zehn pro Opfer – hätte er nach Kriegsrecht erschießen dürfen ... das wäre, glaubt man so was?, korrekt gewesen. Nur die überzähligen 15 waren nicht in Ordnung. Kappler saß bis 1976 in Gaeta, dann wurde er ins Militärhospital nach Rom überführt. Aus Gesundheitsgründen. Diese hinderten ihn nicht, 1977 zu fliehen, und zwar, vermutete man, mit Hilfe italienischer Militärs. Grenzübergreifende Kameraden-Kumpanei. Es ging dann lang hin und her, ob Deutschland den Verbrecher wieder ausliefern müßte, aber 1978 verendete Kappler und überhob die deutschen Stellen der Entscheidung.

In der Synagoge am Lungotevere delle Cenci ist ein (allgemein zugängliches) Museum eingerichtet, in dem interessante archäologische und jüdische Exponate ausgestellt sind, aber auch Sterbedokumente jener »Geiseln« Kapplers. Und da ist in der Rubrik »Todesursache« zu lesen: »Jude«. Heute leben wieder einige tausend Juden in Rom. Der Papst besuchte sogar einmal den Oberrabbiner, ohne den Versuch zu machen, ihn zu bekehren. Das lächerliche Bekehrungsmonument, Erinnerung an blitzartige Wunderkatholisierung eines Juden in S. Andrea delle Fratte, ließ er aber nicht entfernen. Es wird die Juden in Rom auch nicht stören, die sich im übrigen als besonders römisch empfinden, als »Romani di Roma«, weil ihre Vorfahren, was nicht viele Römer von sich behaupten können, schon seit vielen Generationen ununterbrochen in Rom gelebt haben.

Wir haben uns wieder in einer, diesmal recht finsteren Seitengasse der römischen Geschichte verirrt, aber nun kehren wir zu den Museen zurück, und zwar müssen wir uns kurz außerhalb der Aurelianischen Mauer begeben: Im Art Center ACEA (Centrale Montemartini) am Viale Ostiense, 106 sind, so seltsam es klingt, neben den antiquierten Maschinen dieses aufgelassenen Elektrizitätswerks antike Statuen aufgestellt. Um nicht mit einer bloßen Aufzählung zu ermüden, sei auf die Zusammenstellung im Anhang hingewiesen.

Ein Platz in Rom, den ich besonders gern mag, ist die Piazza della Rotonda. Wenn man von dem (noch zu besingenden) *Tazza d'Oro* die kleine Straße weitergeht, bis sie sich zu einem Platz öffnet, steht man vor einem Brunnen, einem kleineren, aber eleganten Bruder des Piazza-Navona-Brunnen, von Giacomo della Porta entworfen, von Leonardo Sormani gemeißelt, bekrönt von einem kleinen Obelisken Ramses' II. Dahinter erhebt sich ein Gebäude, von dem man sich nur schwer vergegenwärtigt, daß es sich um eine christliche Andachtsstätte handelt: Sancta Maria ad Martyres, auch S. Maria Rotonda genannt, besser bekannt unter seinem antiken Namen *Pantheon*. Es ist das vielleicht rätselhafteste Gebäude Roms. Seine Vorgeschichte ist nicht restlos geklärt, nur soviel ist einigermaßen sicher, daß das Ur-Pantheon 27 v. Chr. von Marcus Vipsanius Agrippa, dem Schwiegersohn des Augustus, hier auf dem Marsfeld errichtet wurde. Nach einem Brand restaurierte es Domitian, später Trajan, dann endlich Hadrian um 120, wobei das wohl schon eher ein Neubau war. 202 wurde es unter Septinius Severus nochmals umgebaut.

Das Pantheon ist eine in einen Zylinder hineingebaute (gedachte) Kugel, deren obere Halbkugel exakt die Kuppel bildet; schon dies allein ein ingenieurtechnisches Wunder. Alle Umbauten und Renovierungen behielten die Weihinschrift bei, und so steht der Name des Agrippa heute noch über dem Porticus. Ob schon der Stifter dem Tempel den Namen »Pantheon« gegeben hat, weiß man nicht, auch nicht, ob er »pan theon«, also »allen (nur denkbaren, möglichen) Göttern« geweiht war oder dem All-Gott Pan-Theos. Nach Abschaffung der lichten Heidenkulte und Zwangseinführung der christlichen Düsternis stand der Tempel zweihundert Jahre unbenutzt. War es eine gewisse Scheu vor dem geheimnisvollen All-Gott, der selbst die Christen daran hinderte, dieses heidnische Heiligtum zu entweihen? Oder war es nur die Tatsache, daß es innen und außen keine geeigneten Säulen hatte, die man als Spolien hätte stehlen können?

In frühchristlicher Zeit pflegte man Kirchen und sonstige Andachtsstätten über den Gräbern der (wirklichen oder angeblichen) Märtyrer zu errichten. Bald kam man auf das umgekehrte Verfahren: Man überführte Märtyrerknochen oder das, was man dafür ausgrub, auch andere heilige »Reliquien« vom Fußabdruck des Erzengels, der Maria die Botschaft von ihrer Schwangerschaft brachte, bis zur Vorhaut Christi in die neuerbauten oder aus heidnischen Tempeln umgewidmeten Kirchen. Es entstand ungeheurer Bedarf. Schier unerschöpflichen Vorrat bildeten die Gräber an der Via Appia. Daß das alles andere als Märtyrergräber, daß dort sozusagen ganz normale Römer begraben worden waren, hinderte die Päpste nicht, diese »heiligen« Reliquienknochen zu verkaufen. Eine Haupteinnahmequelle des Heiligen Stuhles im Mittelalter. Noch heute gibt es im Vatican einen Schrank mit vielen Schubladen, ich habe ihn selber gesehen, dort werden heilige Knochen aufbewahrt, und auf Anforderung wird bei Neubau und Weihe einer Kirche irgendwo in der Welt von einem dieser Knochen ein hauchdünnes Scheibchen abgeschnitten und versandt, seit einiger Zeit ohne Profit, d. h. nur gegen Spesenersatz.

Als der Reliquienkult oder -unfug, je nachdem, wie man will, seinen Höhepunkt erreicht hatte, schenkte Kaiser Phokas »das Scheusal« 608 Papst Bonifatius IV. das leerstehende Heiligtum. Phokas war jener byzantinische Kaiser, der seinen Vorgänger Maurikios hinrichten, aber vorher noch vor den Augen des gefesselten Delinquenten dessen fünf Söhne köpfen ließ, um ihn ja in dem Bewußtsein in den Tod zu schicken, keine männlichen Nachkommen und eventuellen Rächer zu hinterlassen. Papst Bonifatius, dem diese Schandtat, von der die Welt widerhallte, nicht entgangen sein konnte, widmete dem frommen Christenkaiser Phokas jene Phokas-Säule, die heute noch auf dem Forum steht, die letzte Kaiser-Säule dort. Auch der speichelleckerische Dankesbrief des Papstes an den Kaiser ist erhalten. Als wenig später Phokas selber ermordet wurde, schwenkte der Papst rasch zu dessen Mörder und Nachfolger Heraklios um. Bonifatius scheint bei seinen eigenen Schäfchen als nicht ganz hasenrein gegolten zu haben, denn der hochangesehene Eiferer und Ire St. Kolumban von Bobbio richtete ein Schreiben an den

Papst, in dem er dessen Rechtgläubigkeit anzweifelte. Eine Antwort des Papstes ist nicht erhalten ... als Heiliger gilt er dennoch, und wer will, kann – vielleicht im Pantheon – am 25. März dessen Fest feiern.

Papst Bonifatius ließ also das ihm geschenkte Pantheon in die Kirche Sancta Maria ad Martyres umwandeln und – so zeitgenössische Berichte – mehrere Wagenladungen »Märtyrerknochen« aus der Via Appia dort aufschütten. Es half nicht viel. Manchmal habe ich den Eindruck, das Pantheon ist der letzte Zufluchtsort der heidnischen Götter, und der ganze Weihrauch, die ganzen (ohnedies mit Sicherheit falschen) Märtyrerknochen brachten sie dort nicht heraus, und die Maria hat dort bis heute nichts verloren.

Gert Sperling, ein Mann, für den die ehrende Bezeichnung »Privatgelehrter« zutrifft, hat sich viele Jahre seines Lebens mit der Geschichte und vor allem den Rätseln des Pantheons beschäftigt. Daß die gedachte Kugelform, die harmonischen Proportionen und das alles kein Zufall oder auch nicht nur architektonisch-ästhetischer Einfall sind, wird schon dem klar, der den Bau nur staunend betrachtet. Sperling hat in einem großen Werk: »Das Pantheon in Rom. Abbild und Maß des Kosmos« (arsuna-Verlag, 1999) die astronomischen, mathematischen, gedanklichen Bezüge, die dieses Bauwerk enthält und trägt, nachgezeichnet und zum Teil erstmals aufgedeckt.

1625 ließ Papst Urban VIII. die antiken Bronzeplatten vom Plafond des Porticus abnehmen, um 80 Kanonen und die Säulen des Baldachins über dem Papstaltar in der Peterskirche gießen zu lassen. Der Volksspott ergab sich in dem der »sprechenden Statue« des sog. Pasquino anderntags angehängten Zettel (»Pasquill«): »Quod non fecerunt Barbari, fecerunt Barberini.« = Was die Barbaren nicht machten, machten nun die Barberini; der Familienname des Papstes war Barberini.

Um 1940 hatte Rom nach fast zweitausend Jahren die Bevölkerungszahl erreicht, die es zur Zeit des Augustus gehabt hat, zu seiner klassischen Glanzzeit, als es, eingebettet in ein riesiges Reich mit einem Kranz von Provinzen, die nur dazu da waren, es zu versorgen, in Wohlstand und sogar Üppigkeit und vor allem in Sicherheit lebte, in so sorgloser Sicherheit, daß die Servianische Mauer verfiel. Nur Friedenswerke schmückten Rom: Pax Augusta, der Kaiserfriede, waltete über der Stadt. Daß das ein trügerischer Friede war und daß auch im Rom des Kaiserfriedens nicht alles Gold war, was glänzte, braucht wohl nicht gesagt zu werden. Es ist hier nicht Platz genug, um die ganze verwickelte Geschichte der Stadt aufzurollen. (Gregorovius hat für den Ausschnitt der gut tausend Jahre von 300 n. Chr. bis ca. 1500 vier dicke Bände gebraucht. Wer Gehalt und Wesen dessen, was sowohl das historische als auch das heutige Rom war und ist, duchschauen will, kommt um die Lektüre dieses, im übrigen spannenden Werkes nicht herum: »Die Geschichte der Stadt Rom im Mittelalter«.) Der mittelalterliche Verfall Roms begann, als Kaiser Constantin die Residenz endgültig nach Byzanz verlegte. Selbst die nachfolgenden weströmischen Kaiser residierten nicht mehr in Rom, sondern in dem aufstrebenden Mailand. Als das weströmische Reich 476 unterging, wurde Italien byzantinische Provinz, Rom wurde nicht einmal die Provinzhauptstadt, das wurde Ravenna, wo schon früher (406) nach der letzten Reichsteilung Kaiser Honorius residierte. Dort hatten auch die Gotenkönige Italiens ihren Sitz; die Langobardenkönige, die nachher 200 Jahre über Italien herrschten, regierten von Pavia oder von Mailand aus. Dennoch blieb Rom, *die Stadt,* das ideelle Zentrum des Reiches, und die Kaiser nannten ihr Reich nach ihr. (Noch Konstantinos XIV., der letzte Imperator in Byzanz, der 1453 bei der Eroberung durch die Türken fiel, nannte sich *Basileios der Rhomäer,* also Kaiser der Römer, und Kaiser Franz II. aus dem Haus Habsburg-Lothringen titulierte sich bis 1806 Römischer Kaiser Deutscher Nation.) Aber das verblaßte zusehends zum bloßen Symbol. Die Stadt selber verfiel. Man hat den Eindruck, daß die Regierenden einige Jahrhunderte lang über der immer noch großartigen Idee die reale Situation des Gemeinwesens innerhalb des bald zu groß werdenden Aurelianischen Mauerrings vergaßen. Die Regierungen hatten kein Interesse und kein Geld, die aufwendigen Tempel, Bäder, Theater und Wasserleitungen in einer immer mehr entvölkerten Provinzstadt zu erhalten. Einige verheerende Plünderungen und Belagerungen (etwa die von 525 durch die Vandalen, wovon unser Wort Vandalismus kommt) taten das Ihrige zum Verfall. Kaiser Justinian I. (527–565) schaffte das Consulen-Amt ab, womit auch de jure die de facto längst ohne Bedeutung gebliebene römisch-republikanische Verfassung klanglos unterging. Zwar gab es noch einige altehrwürdige Familien in Rom (sogar heidnische), die versuchten, auf den Trümmern der Tempel Ehre und

Würde der Scipionen, des Brutus und Cato aufrechtzuerhalten, aber die Versuche versandeten zusehends. Ende des IV. Jahrhunderts zerstörte ein Blitzschlag die Victoria-Statue in der Curia auf dem Forum, dem Versammlungsort des Senats. Der Senator Symmachus wurde bei Kaiser Valentinianus II. in Mailand vorstellig, um die Wiedererrichtung des altehrwürdigen Standbildes genehmigt zu bekommen. Der heilige Ambrosius, ein besonders unsympathischer Eiferer, heizte dem Kaiser so ein, daß der diese wirklich bescheidene Bitte des edlen Heiden Symmachus abschlug. Überhaupt benahm sich die christliche Kirche, kaum daß sie selber den Verfolgungen entgangen war, ziemlich schlecht, und die Verfolgungen, die sie nun – die eigenen Leiden offenbar schnell vergessend – über die heidnisch gebliebene Bevölkerung und sehr rasch auch über die Juden brachte, standen den vergangenen Christenverfolgungen nicht nach. Die Zeiten änderten sich, verschränkten sich aber auch: Während der Romulus-Tempel gebaut wurde, stand die erste Lateranbasilika schon. Aber bald war es nicht mehr hoffähig, Heide zu sein. In Rom breitete sich im absterbenden Kaiserglanz das aus, was der Stadt für die folgenden gut tausend Jahre geistigen Inhalt, politische Turbulenzen, aber auch den Glanz großer Kunstwerke geben sollte: das Papsttum.

Der erste Bischof von Rom sei, glaubt der Papst, der heilige Petrus gewesen, jener Fischer Simon Bar Jona vom See Genezareth, den der Erlöser als ersten zum Jünger berufen hatte und den er als Fels bezeichnete, auf dem die Kirche zu bauen sei, und dem er die Schlüssel übergab, die heute noch – neben dem SPQR – in

Wappen und Kartuschen in ganz Rom zu finden sind. St. Peter und neben ihm der andere Apostelfürst St. Paulus hätten, heißt es weiter, in Rom unter Nero das Martyrium erlitten. Das ist eine Legende, die durch nichts bewiesen, allerdings auch nicht widerlegt ist. Daß Millionen zweitausend Jahre lang an die Legende glauben, gibt ihr eine unbestreitbare Würde, macht sie aber nicht wahrer. Dazu kommt, daß jene Stelle im Matthäus-Evangelium (16, 18) eine spätere Zutat ist. Das räumen sogar katholische Theologen ein, wenngleich ungern. Etwas deutlicher gesagt: Die Stelle ist eine Fälschung und auch Verfälschung der Botschaft Jesu, der alles andere wollte, als eine »Kirche« gründen. Die Nachfolger des heiligen Petrus auf dem Bischofsthron von Rom (der heutige Johannes Paul II. ist der zweihundertfünfundsechzigste) rühmten sich sehr bald des Primates über alle anderen Bischöfe. Der jahrhundertelange Streit, den diese Frage auslöste und der im Grunde heute noch andauert, soll hier nicht interessieren. Fest steht jedenfalls, daß durch den Sitz des Papstes die Stadt Rom für diejenigen, die den Primat anerkannten, wieder religiös-geistiger Mittelpunkt der Welt wurde. In den Augen der Katholiken drückt auch der Titel *Papst* den Primatsanspruch aus. Kein anderer Patriarch, auch nicht der von Konstantinopel, führte einen so einmaligen Titel, der übrigens nur von einer Verschleifung der Bezeichnung *Pater Patrum* stammt, »Vater der Väter«, oder nach anderer Lesart von griechisch παππας = Vater; der Titel taucht zum ersten Mal auf dem Grabstein für Papst Liberius († 366) auf, bürgerte sich etwa 100 Jahre später ein und wurde von Gregor VII. Ende des XI. Jahrhunderts offiziell festgelegt. Während die alten Tempel zerfielen, entstanden die neuen Kirchen und Basiliken, erst schlichte Zweckbauten christlich-karger Frömmigkeit, sehr bald aber schon prächtige Gotteshäuser, gold- und mosaikglänzend und nicht selten auf alten Säulen stehend, die aus den heidnischen Tempeln gebrochen worden waren, wenn nicht überhaupt der ganze Tempel in eine Kirche verwandelt wurde: Auf dem Forum ist noch der Antoninus- und Faustina-Tempel zu sehen, in den die Kirche S. Lorenzo in Miranda hineingebaut ist. Bei S. Maria sopra Minerva auf dem Marsfeld (der einzigen bedeutenden gotischen Kirche Roms) erinnert sogar der Name noch an den früheren heiligen Ort, wenn er auch, wie schon erwähnt, ein Irrtum ist.

Rom wurde politisch bedeutungslos, obwohl es nach wie vor dem Namen nach die Hauptstadt des Reiches war, und zwar bald zweier Reiche, die lange in Konkurrenz zueinander standen (wie ehemals BRD und DDR); das »Oströmische Reich«, also Byzanz, nannte sich danach, wie erwähnt, und seit am 25. Dezember 800 Karl der Große in der Peterskirche zum (West-)Kaiser gekrönt worden war, hieß auch das fränkische, später deutsche Reich bis 1806: das Römische. Die Idee der Stadt Rom war über ihre reale Bedeutung hinausgewachsen. Aber gleichzeitig wurde Rom für alle Katholiken (und das waren bis zur Reformation alle Christen im Westen Europas, von Irland und Portugal bis zum Baltikum, Polen, Ungarn) das geistige und geistliche Zentrum der Welt als Sitz des Papstes. Und dann ging, um mit Wilhelm Busch zu sprechen, das Pilgern an.

Das Pilgern, also: heilige, gnadenbringende Stätten aufzusuchen, galt dem mittelalterlichen Menschen als besonders frommes Tun. Nachdem im VII. Jahrhundert die Gnadenstätten des Heiligen Landes von den Muslimen erobert worden und für Christen unzugänglich geworden waren, lenkten die Päpste sehr geschickt die gewinnbringenden Wallfahrerzüge nach Rom um. Zwar konnten sie hier nicht mit den Stätten des Erdenwirkens des Heilands aufwarten, wohl aber mit den Aposteln und Märtyrern. Die Reliquien kamen auf. Das Geschäft belebte sich: Jeder Pilger wollte auch ein frommes Souvenir mit nach Hause nehmen. So wurden die – oft überwiegend gar nicht christlichen, schon gar nicht märtyrerischen – Gräber entlang der Ausfallstraßen geplündert und alles, was nach Knochen ausschaute, als Heiligengebein an die Wallfahrer verkauft. Die Stadt Rom, die Päpste, ihr Hofstaat lebten, das ist kein zynischer Scherz, sondern die krasse Realität, das ganze Mittelalter hindurch vom Pilger-Fremdenverkehr und Reliquienhandel.

Als Pilgerpflicht galt es (und gilt es noch heute), die Sieben Hauptkirchen Roms der Reihe nach zu besuchen. Das ist nicht einfach, denn sie liegen weit auseinander. Diese Kirchen sind: 1. San Giovanni in Laterano, die wohl älteste Kirche Roms, eine Stiftung Kaiser Constantins, die eigentliche Papstkirche, 2. San Pietro in Vaticano, die größte Kirche der Christenheit, mit deren Architektur nach Michelangelos Willen vollbracht worden ist: das Pantheon und die Maxentiusbasilica aufeinanderzutürmen; 3. Santa Maria Maggiore auf dem Esquilin; 4. San Lorenzo fuori le mura; 5. San Paolo fuori le mura; 6. Santa Croce in Gerusalemme, angeblich von der Kaiserin Helena, der Mutter Constantins, gestiftet, nachdem sie wunderbarerweise in Jerusalem das Kreuz Christi wiedergefunden hatte (wer weiß, was das in Wirklichkeit für ein morsches Holzstück war); und 7. San Sebastiano ad Catacumbas. Alle Sieben Hauptkirchen sind kunstgeschichtlich von hohem Wert, und es würde hier zu weit führen, die dort gesammelten Kunstschätze auch nur anzudeuten. Es nimmt ein wenig wunder, daß San Sebastiano, eine so weit abseits (am dritten Meilenstein der Via Appia Antica) gelegene und kunsthistorisch eher nicht so bedeutende Kirche – 1609 bis 1612 erbaut –, unter die Hauptkirchen gezählt wird. Die Barockkirche aber hat seinerzeit die auf Kaiser Constantin zurückgehende Basilica *Memoria Apostolorum* ersetzt, die über dem Ort errichtet wurde, wo – der Legende nach, die aber nicht unwahrscheinlich ist, sofern Petrus und Paulus tatsächlich in Rom gewesen sein sollten – zunächst die Apostelfürsten nach ihrem Martyrium unter der neronischen Christenverfolgung bestattet worden waren. Später wurden die Gebeine des heiligen Sebastian hier beigesetzt, weswegen die Kirche den heutigen Namen bekam. Unter der Kirche und in näherer Umgebung finden sich die ausgedehntesten Katakomben, die auch zugänglich sind. Dazu ein Wort über die Katakomben: In Rom war es verboten, Tote innerhalb des Pomeriums, also der rechtlichen Stadtgrenze, zu beerdigen. So verlegten die Römer die Gräber ihrer Verstorbenen nach außen, und deswegen zogen sich entlang der Ausfallstraßen, namentlich entlang der Via Appia, Gräberreihen hin, die im Lauf der Jahrhunderte kilometerlang wurden. Aber auch so reichte der Platz bald nicht mehr, weshalb die Römer (Heiden wie Christen) die Gräber nach und nach in mehreren Stockwerken unter die Erde der Straßenränder verlegten. Der weiche Boden um Rom macht das nicht schwer. Nie haben sich Christen vor den Verfolgungen in den Katakomben verborgen.

»Fuori le mura« bei S. Lorenzo und S. Paolo bedeutet: vor den Mauern. Die ältesten christlichen Kirchen lagen alle, soweit es sich um große handelte, außerhalb. Man vermutet, daß Constantin Rücksicht auf die noch mächtigen heidnischen Senatoren nehmen wollte, weshalb auch die christlichen Kirchen im Gegensatz zu den Tempeln äußerlich unauffällig gestaltet waren. Erst nach dem Toleranz-Edict von 313 begannen auch die Christen religiös-architektonisch zu prunken.

In San Paolo (die 1823 abbrannte und im Stil des XIX. Jahrhunderts restauriert ist) finden sich die berühmten Medaillons: Um die Kirche zieht sich an den Innenwänden ein Fries mit runden Papstporträts. Dort wird seit alters jeder Papst abkonterfeit, und die Legende sagt, daß die Welt untergehe, wenn die Reihe voll ist. Der Fries füllte sich mit der Zeit. Unter Paul VI. waren nur noch wenige Medaillons frei. (Ich glaube mich daran zu erinnern, *drei* gezählt zu haben.) Offenbar wurde man da im Vatican unruhig. Jetzt wurde ein weiterer Fries unterhalb hinzugefügt, und es ist wieder Platz für 28 weitere Päpste. Der Weltuntergang ist hinausgeschoben.

Das sind also die Sieben Hauptkirchen. Wie viele Kirchen es in Rom sonst noch gibt, weiß kein Mensch. Ein gelehrter Mann namens Mariano Armellini hat ein Buch über die Kirchen Roms geschrieben. Das ameisenklein gedruckte Register umfaßt (zweispaltig!) 25 Seiten: von S. Abbaciro al Celio bis S. Zotico an der zehnten Meile der Via Labicana. Ich lege größeren Wert auf die Feststellung, daß ich diesen heiligen Zoticus nicht erfunden habe, man möge, wenn man mir nicht glaubt, bei Armellini nachlesen. Es gibt in München einen Oberstaatsanwalt, der im Hauptberuf Mörder verfolgt; sein Steckenpferd aber sind die kleinen Kirchen Roms. (Die großen kennt er aber natürlich auch.) Seit zwanzig Jahren fährt er jährlich mehrmals hin und entdeckt jedesmal wieder ein paar kleine Kirchen, die sein großes Herz mehr an die Ewige Stadt und ihre Wunder binden. Ihm verdanke ich Hinweise auf die vielen kleinen Kirchenjuwelen.

Rom war, wie schon erwähnt, viele Jahrhunderte lang auch die Hauptstadt der weltlichen Herrschaft des Papstes. Die Päpste führten diese Herrschaft, das »Patrimonium Petri«, auf die »Constantinische Schenkung« zurück, also darauf, daß Kaiser Constantin I. dem Papst – es sei Silvester I. »Gloriosus« gewesen – so gut wie das ganze Italien geschenkt habe. Die Urkunde ist eine der frechsten Fälschungen, die die Kirche in ihrer an Fälschungen reichen Geschichte verbrochen hat. Wann und wo die Urkunde gefälscht wurde, ist trotz aller (auch kirchlicher) Bemühungen, es herauszufinden, nicht gelungen. Die kirchlichen Bemühungen gingen natürlich darauf hinaus, daß man hoffte, vielleicht doch die Echtheit zu erweisen. Das ist nicht gelungen, im Gegenteil. Nur soviel steht fest, daß die Fälschung im VIII. oder IX. Jahrhundert erfolgt sein muß. Arnold von Brescia war der erste, der um 1150 die Echtheit anzweifelte. Er wurde dafür auf Befehl des Papstes (es war Hadrian IV.) getötet. Mit dem Leben davon kam der Cardinal Nikolaus Cusanus, der 1433 die Fälschung schlüssig nachwies. Viele Pluspunkte beim Papst brachte ihm diese wissenschaftliche Leistung nicht ein.

Die Päpste hielten bis ins XIX. Jahrhundert eisern an der »Constantinischen Schenkung« fest, auch als ihr weltliches Machtgebiet zusehends zusammenschmolz. Als fast nur noch die Stadt Rom übrig war – das ist alles in einem Buch von Gustav Seibt dargelegt –, schnappte Papst Pius IX., ohnedies von dürftigem Verstande, gänzlich über. Gregorovius berichtet in seinen Tagebüchern, daß der neunte Pius um diese Zeit schon Zuflucht zu Wundern nahm. Er sah, als er in seiner Sänfte durch eine Straße getragen wurde, einen lahmen Bettler, ließ anhalten, stieg aus, rief den Bettler heran und sagte: »Wirf deine Krücken weg und geh!« Der Bettler war beeindruckt, warf seine Krücken weg und – fiel um. Der Papst stieg wortlos wieder in seine Sänfte.

Am 20. September 1870 wurde dann die weltliche Papstherrschaft hinweggeblasen, was aber nicht bedeutete, daß der klerikale Dunst sich sogleich verzog. Bis dahin bestand die Bevölkerung Roms zur Hälfte aus Geistlichen, Mönchen und Nonnen. Danach verschob sich das etwas, aber man wird bei jedem Spaziergang durch Rom bemerken, daß der Anteil der Geistlichkeit hier größer ist als überall sonst. Ich sage nichts gegen

Nonnen. Viele, sehr viele von ihnen tun in Krankenpflege Gutes und leben ein Leben der Nächstenliebe, was man wohl von den wenigsten Monsignori und Prälaten sagen kann. Bei allem Respekt vor den Nonnen kann man sich doch bei dem Gedankenspiel erfreuen: wieviel verschiedene Nonnentrachten es gibt. Man sieht sie selten allein, die Nonnen, meist paarweise oder in Gruppen: in schwarzem Habit, in weißem, in blauem, in braunem, in weißem mit blauen Hauben, in schwarzem mit braunen, in blauem Überwurf und weiß darunter, mit eng anliegenden Hauben oder Flatterbändern –

1929 wurde das Verhältnis des Königreichs Italien mit dem Papst einvernehmlich geregelt. Der Papst bekam den Vatican als eigenes Staatsgebiet usw. Zwei Staatsverträge wurden abgeschlossen: ein Vertrag, der die Errichtung des Vaticanstaates besiegelte, und ein Konkordat. Darin wurde festgelegt, daß die Staatsreligion in Italien die katholische ist. Das war die letzte ferne Ahnung von der weltlichen Herrschaft des Papstes über Italien, und die wurde unter der Regierung Bettino Craxi auch noch beseitigt, hauptsächlich, um endlich auch in Italien die Ehescheidung gesetzlich verankern zu können. Seitdem ist Rom nicht mehr Ewige Stadt des Heils – aber ein Viertel des Grundbesitzes in der Stadt gehört, dem Vernehmen nach, immer noch sozusagen als Privateigentum dem Vatican.

Wenn man der Meinung ist, in Rom seien die Leute besonders katholisch, irrt man sich. Nirgendwo habe ich einen so weltlichen, bis zur Gleichgültigkeit selbstverständlichen Umgang mit dem katholischen Glauben festgestellt wie in Rom. Wahrscheinlich wird in den vielen römischen Kirchen weniger aufrichtig gebetet als in der kleinsten bayrischen Dorfkirche allein. In Rom wird der katholische Glaube nicht geglaubt, am allerwenigsten im Vatican, dort wird er nur verwaltet. Glauben sollen die anderen. Es ist wie mit der Bank und dem Geld. Das gehört auch nicht den Bankern, sie verwalten (und benutzen) es nur.

Freilich begegnen einem, auch wenn man nicht einen feierlichen Gottesdienst in einer der Basiliken besucht, auf Schritt und Tritt Geistliche, manchmal Bischöfe und Cardinäle. Sind sie in Zivil, erkennt man sie daran, daß sie selbst die Bezahlung der Rechnung für das Abendessen für sich und ihre Freundin etwa im noch zu nennenden »Eau vive« mit bereits leicht segnender Geste vornehmen.

Womit wir beim Problem wären.

Es heißt *der* Zölibat, wenn auch gelegentlich das Wort als Neutrum gebraucht wird. Es ist lateinischen Ursprungs und kommt von coelibatus oder (besser) caelibatus, was soviel wie Ehelosigkeit des Mannes bedeutet. Die Ehelosigkeit der Frau hieß viduitas (davon das deutsche Wort Witwe). Caelibatus bedeutete aber auch – da von caeles kommend – »himmlisches Leben« – eine fragwürdige Umdeutung, auf die näher nicht eingegangen werden soll. Der Zölibat, also die Ehelosigkeit und die Vermeidung jeden Geschlechtslebens, ist für katholische Geistliche, Mönche und Nonnen zwingend vorgeschrieben. Das hat eine lange Geschichte, und viele Jahrhunderte hindurch wurde das auch gar nicht so eng gesehen, wenngleich schon im V. Jahrhundert die ersten Ansätze für diese Regelung auftauchen. Es gab schlaue Bischöfe, die sagten: Als Bischof lebe

ich zölibatär, als Mensch mit einem Weib. Amt und Mensch sind ja streng zu trennen –
Das hat nicht zuletzt zu den in letzter Zeit heraufgedunsteten Chorknaben-Skandalen in Amerika geführt und dazu, daß – nach jüngsten Erhebungen – etwa vier Fünftel der Geistlichen in heimlichen eheähnlichen Verhältnissen mit ihren Haushälterinnen u. ä. leben ... bis in höchste geistliche Höhen. Wenn man dem Buch von Nigel Cawthorne »Das Sexualleben der Päpste. Die Skandalchronik des Vatikans« (Engl. 1996, Köln: Benedikt, 1999) glauben darf, bis herauf zu Pius XII., dem Pastor Angelicus, der regelmäßig seine Angelica geherzt hat. Es sei ihnen gegönnt! Und ich freue mich sogar, wenn im »Eau vive« der verkleidete Monsignore mit leicht segnender Geste das Knie seiner Begleiterin unterm Tisch streichelt.

Die bedeutendsten Kirchen neben den Hauptkirchen aufzuzählen ist schon schwer genug, vor allem, weil da jeder Freund Roms seine Vorlieben hat, diese Aufzählung also notgedrungen subjektiv ist: S. Andrea della Valle, die schon erwähnte S. Maria sopra Minerva, S. Clemente, wo zwei Kirchen untereinander liegen, sie sind über einem Mithras-Heiligtum errichtet, S. Maria della Pace mit ihren Raffael-Fresken, S. Maria della Vittoria mit Berninis heiliger Theresa, S. Ivo, der weiße Borromini-Bau aus flammender Geometrie, S. Maria del Popolo, S. Spirito in Sassia (die Angelsachsen-Kirche), S. Maria dell'Anima (die deutsche Nationalkirche mit dem Doppeladler am Turm), S. Agnese an der Piazza Navona mit den drei Brunnen davor, der mittlere eines der Hauptwerke Berninis, jeder kennt die Abbildung: Rom von einer seiner schönsten Seiten ... und viele, viele andere. Jede, die man nennt, schmerzt eine andere, die man ausläßt: La Maddalena, die Rokokokirche, S. Eustachio mit dem Hirsch, Il Gesu', S. Ignazio mit der Scheinkuppel, S. Salvatore in Lauro, das Juwel S. Carlo alle Quattro Fontane, die winzige Borromini-Kirche, die Quattro Coronati, S. Bartolomeo in Isola (auf der Tiberinsel) und S. Giovanni dei Florentini ... man wird nicht fertig.

Die Hauptkirche ist aber natürlich – wenngleich nicht kirchenrechtlich – St. Peter; S. Pietro in Vaticano. Die Baugeschichte ist kompliziert, die bedeutendsten Meister der Renaissance und des Barock haben mitgeplant und mitgebaut: Raffael, Michelangelo, Bernini. Das Ergebnis erfreut sich nicht einhelliger Zustimmung. Die einen sehen in ihr eine gigantische Bahnhofshalle, die anderen ein mit Lärm erfülltes Museum, für wieder andere ist sie der Ausdruck der Ecclesia triumphans der Gegenreformation. Jedenfalls muß jeder, der in Rom war, mindestens einmal in der Peterskirche gewesen sein. An hohen Feiertagen oder zu besonderen Anlässen zelebriert der Papst am Altar unter Berninis Baldachin die Messe. Dafür gibt es – unentgeltliche – Eintrittskarten. An normalen Sonntagen liest um ½ 11 Uhr am Altar *hinter* dem Bernini-Baldachin ein Cardinal ein feierliches Hochamt, das etwa eine oder eineinhalb Stunden dauert, oft mit Lesungen und Gebeten in verschiedenen Sprachen verbunden. Da kann jeder ohne weiteres hingehen. Danach, um 12 Uhr, spendet der Papst von einem bestimmten Fenster des Vaticanpalastes aus den Sonntagssegen. (Sofern der Papst in Rom ist. Die Witze über den gegenwärtigen *Eiligen* Vater sind zahllos.) Das Fenster, an dem der Papst erscheint, erkennt man daran, daß schon einige Zeit davor ein roter Teppich herausgehängt wird.

Wiederum kann ich nicht umhin, ein persönliches Erlebnis mitzuteilen. Ich saß mit meinem Freund Gigo vor Beginn der Messe in der Kirchenbank. Man muß rechtzeitig da sein, um einen Platz zu bekommen. Sind alle Sitzplätze belegt, wird mit einer Kordel abgesperrt, und Stehplätze gibt es dann nur ganz weit hinten. So saßen wir also eine Viertelstunde vor Beginn, und zwar, das ist hinzuzufügen, nicht in touristischer Freizeitadjustierung, sondern in anständigen Anzügen mit Hemd und Krawatte. Da kam ein unaussprechlich feiner alter Herr, den eine Plakette als vaticanischen Beamten auswies, und fragte in höflichstem Ton, welcher Nation wir angehörten. »Tedeschi.« – Ob einer von uns bereit sei, die »Lectio« zu halten. Ich sagte zu. Es ist nämlich bei diesem Hochamt üblich, daß die Lectio, also der Epistelbericht vor dem Evangelium, in verschiedenen Nationalsprachen gelesen wird, so viele verschiedene, wie der freundliche Herr eben an entsprechenden Freiwilligen auftreiben kann: meist Englisch, Deutsch, Französisch. – Nach kurzer Unterweisung durfte ich mich mit einigen anderen Freiwilligen neben den Altar setzen, bekam das Missale in meiner Landessprache, und als ich dann auf einen dezenten Wink an der Reihe war, las ich – ich! – mit durch die Peterskirche hallender (mikrophonverstärkter) Stimme den Epistelbericht. Es war eine Stelle aus einem Paulusbrief. Ich! Der ich, milde gesagt, Schwierigkeiten mit manchen Dogmen der Kirche habe. Aber es war, muß ich feststellen, doch ein erhebender Augenblick. Wenn Sie also, lieber Leser ... aber in Anzug und Krawatte!

Die Peterskirche birgt mehr Kunstschätze als ein durchschnittliches Museum. Hier alle aufzuzählen ist unmöglich. Das Ergreifendste für mich ist Michelangelos Frühwerk von 1499, die Pietà, die, wenn man hineinkommt, rechts steht, leider aber, seit ein Irrer versucht hat, sie mit einem Hammer zu zerschlagen, hinter einer Panzerglasplatte.
Man kann – der Eingang findet sich, wenn man außen rechts an der Kirche nach hinten geht – auf das Dach hinauffahren, von dort aus die Galerie besichtigen, die sich innen um die Kuppel windet (sie ist eine Flüster-

galerie), und ganz auf die Kuppel steigen, von wo aus man selbstverständlich einen herrlichen Blick über Rom hat. Wer Zeit hat und schon einiges kennt, kann bei den unzähligen Kuppeln und Türmen raten, was zu welcher Kirche gehört. Auch das schärft das Gedächtnis für die Topographie der Stadt. Dieses Spiel kann man natürlich von allen möglichen Aussichtspunkten aus treiben. Davon gibt es in der auf Hügeln erbauten Stadt genug: vom Gianicolo aus, wo man allerdings aufpassen muß, daß man nicht auf Liebespaare tritt, von der Rampe des Quirinalspalastes aus, vom Pincio (ein Blick, den schon Goethe gezeichnet hat), vom Palatin oder von der Engelsburg aus (wo *Tosca* im 3. Akt herunterspringt, was allerdings, wie sich der Besucher überzeugen kann, eigentlich gar nicht richtig geht, jedenfalls nicht so, wie es auf der Bühne in der Regel dargestellt wird). Anhaltspunkt ist immer, sofern man sich nicht grad auf dieser befindet, die unverwechselbare Peterskuppel mit ihrer edlen elliptischen Form, anderseits aber auch das schreiend weiße Victor-Emanuel-Monument.

Das kirchliche, heilige Rom, die Roma sacra, hängt eng mit dem weltlichen zusammen. Jahrhundertelang war, wie schon erwähnt, die Wallfahrt die wichtigste Einnahmequelle der Stadt. Schon im frühen Mittelalter entstanden Pilgerherbergen, die – für betuchtere Pilger – nicht ohne Komfort waren. Der *Codex Einsiedlensis* (so genannt, weil er im Kloster Einsiedeln aufbewahrt wird) aus dem späten VIII. Jahrhundert ist der erste erhaltene Romführer, der im übrigen nicht nur die frommen Stätten, sondern durchaus auch die antiken und heidnischen Altertümer aufzählt. Das älteste erhaltene

– in jüngster Zeit vorzüglich renovierte – Hotel ist das *Sole al Pantheon* aus dem XVI. Jahrhundert, wo schon Ariost gewohnt hat, ein anderes *Sole,* eine Pension in der Nähe des Campo de' Fiori (eines bunten, alltäglich-römischen, nicht touristischen Obst-, Gemüse- und Fleischmarktes), befindet sich in dem Haus, in dem Vanozza, die Geliebte Papst Alexanders VI. und Mutter Cesare und Lucrezia Borgias, ein Bordell betrieben haben soll. Der Markt auf dem Campo de' Fiori ist vielleicht der bunteste in Rom. Der ehemals, vor allem bei sog. Alternativen weltberühmte, von Taschendieben wimmelnde Trödel- oder Flohmarkt an der *Porta Portese* ist nicht mehr das, was er einmal war. Insider und Schnäppchensucher gehen inzwischen sonntags auf die kleineren Flohmärkte, z. B. Borghetto Flaminio (nahe der Milvischen Brücke) oder Borgo Parioli in der Via Metauro. Die Tageszeitung »La Repubblica« (sicher abgesehen davon die beste in Rom) bringt regelmäßig genaue Informationen dazu.

Im Zusammenhang mit dem Campo de' Fiori ist auf einen besonders düsteren Tag in der Geschichte Roms hinzuweisen, auf eine unauslöschliche Schande der katholischen Kirche, eine Schande, die es einem denkenden Menschen schwermacht, sich nicht im Ekel von dieser Kirche abzuwenden. Man wird inmitten des bunten Markttreibens ein düsteres Denkmal bemerken, das daran erinnert, daß auf dem Campo de' Fiori die Hinrichtungen stattfanden. Am 17. Februar 1600 wurde hier Giordano Bruno bei lebendigem Leib verbrannt.

Bruno, ein hochgelehrter Mathematiker, Astronom, Philosoph, hatte kein anderes Verbrechen begangen, als zu behaupten – was heute niemand, auch nicht die Astronomen der päpstlichen Sternwarte, bestreiten kann –, daß das Universum unendlich ist, und das auch noch niederschrieb. Er folgerte daraus eine Unendlichkeit Gottes und daß es nicht nur *eine* Wahrheit geben könne. Bruno war Mönch und Priester gewesen, entzog sich den früheren Verfolgungen seitens der Curie durch die Flucht nach England, tappte aber dann in die Falle eines Adeligen, der ihn nach Venedig einlud und dann der Inquisition auslieferte. Das Heilige Offizium, dessen Mitglied damals ein besonderer Finsterling war: Cardinal Roberto Bellarmin, verurteilte Bruno zum Tod durch Verbrennen. Der Papst, es war Clemens VIII., war sich dann nicht zu schade für die zynische Geschmacklosigkeit, während Bruno qualvoll verbrannte, einige hundert Meter weiter in S. Gesù ein »Te Deum« zu singen. Der Finsterling Bellarmin, ein bis zur Geisteskrankheit bösartiger und auch gegenüber seinen Ordensbrüdern giftverspritzender Intrigant, wurde 1930 heiliggesprochen, 1931 zum »Kirchenlehrer« erhoben. Was muß solches für eine »Lehre« sein!? Als 1870 die verfaulte Herrschaft des Papstes endlich aus Rom weggefegt war, ließen freisinnige Bürger auf dem Campo de' Fiori ein Denkmal errichten (1887); die eindrucksvolle Statue und die Reliefs mit Szenen von anderen Schandtaten der Cattolica Criminalis, z. B. die Verbrennung Jan Hus', schuf Ettore Ferrari. Der Papst, es war Leo XIII., entblödete sich nicht, gegen die Errichtung des Denkmals zu protestieren; das sei ein »Frevel gegen die Kirche«, und er verfaßte einen Hirtenbrief, in dem Bruno und seine Lehre noch nachträglich mit Haß und Geifer bespuckt wurden.

Man muß gerechterweise sagen, daß es heute innerhalb der katholischen Kirche *einige* Priester gibt, die sich der Schandtaten, u.a. der gegen Giordano Bruno, schämen. Aber die teuflischen Seelendiebe (»Opus Dei«, Engelwerk) gibt es immer noch. Sie sind gefährlicher als die Taschendiebe.

Womit wir bei einem leidigen Kapitel sind. Rom ist zwar nicht Apulien oder Sizilien, und man ist seines Lebens sicher. Wer allerdings mit dem Auto nach Rom kommt, sollte es nicht an der Straße abstellen, sondern in einer Garage, schon gar nicht irgend etwas, selbst Wertloses, im Auto lassen. Alle Wertsachen, größere Bargeldsummen, Pässe, Dokumente, Flugkarten, lasse man im Hotel, und zwar unbedingt in einem Safe. (Jedes Hotel, selbst der mittleren Klasse, verfügt über Safe-Anlagen.) Am besten steckt man immer nur den Tagesbedarf an Bargeld ein. Die Hauptdiebe Roms sind die bedauernswürdigen, abgerichteten Zigeunerkinder. Sie stehen überall herum, wo Touristen zu erwarten sind, und man muß, und wenn es einem das Herz angesichts der hübschen, erbärmlichen Kinder umdreht, einen Fluch ausstoßen, auch wenn es ein deutscher Fluch ist. Dann verschwinden sie. Wenn man sich erweichen läßt und nach Kleingeld zu suchen anfängt, stiebt die Menge plötzlich auseinander, und dann fehlen Geldtasche, Kamera und Ehering, und es ist selbstverständlich unmöglich, die nach allen Seiten davonhüpfende Flohherde zu verfolgen. Eine Anzeige bei der Polizei wird mit ruhiger Gelassenheit aufgenommen und bringt den einzigen Nutzen mit sich, daß der Bestohlene den gemächlichen Betrieb einer Carabinieri-Station kennenlernt.

Aber man darf sich nicht verrückt machen lassen: Bekanntlich zieht die Angst das Unglück an. Wer nicht sträflich sorglos ist und einigermaßen die Regeln beachtet, braucht sich nicht ständig von Dieben umlauert zu fühlen und kann die Schönheiten Roms genießen.

Dabei sollte man aber die Gründe für die Schattenseiten nicht vergessen: Die Diebereien und Räubereien kommen ja nicht davon, daß die Italiener einen schlechteren Charakter hätten als andere Menschen. Die Mißstände sind Folgen der sozialen Spannungen in dem Wasserkopf Rom, auf die schon hingedeutet wurde, aber auch Folgen schlecht besoldeter Polizei und Justiz und nicht zuletzt der alles verfilzenden Korruption der Politiker, die in Italien besonders frech und kraß ist.

Rom lebt auch heute noch überwiegend vom Tourismus. Die Gewohnheiten der Touristen aber haben sich gewandelt: Wenn Goethe (mit einigen Unterbrechungen) zwei Jahre in Rom blieb, so verbringt der durchschnittliche Tourist heute hier vielleicht vier Tage. Darauf sind die Hotels eingerichtet: Sie lieben den flotten Durchgangstouristen (dessen Typ am besten der Amerikaner und der Japaner verkörpern), der in möglichst kurzer Zeit möglichst viel Geld daläßt. Daß sich ein Hotel bemüht, dem Gast das Gefühl zu geben, ein wenig zu Hause zu sein, ist selten. Die Übernachtungspreise sind außerdem horrend und steigen ständig. Hotels gibt es natürlich genug, und die Typen unterscheiden sich wenig von denen in anderen Städten. Da sind die prunkenden Albergo-Paläste aus der Gründerzeit in der Via Veneto oder am Corso, lärmig und teuer, altrenommierte Häuser wie das ehemals berühmte, heute nur noch unverschämt teure *Hassler-Villa Medici*, das sympathische *Quirinale*, in dem die Opernsänger absteigen und das einen direkten Zugang zur Oper hat, das *Columbus* nahe dem Petersplatz, ein alter Priorats-Palast mit verwinkelten Zimmern, in dem nicht ungern Bischöfe, Monsignori und Prälaten wohnen, anderseits die – meist bequemen – Hotelwaben amerikanischen Zuschnitts: das *Leonardo da Vinci* oder das *Cicerone*. Ein Sonderfall ist das *Sheraton-Roma*. Das ist ein Ghetto für geldige Amerikaner draußen an der Ausfallstraße zum Flughafen. Dort fühlen sie sich hinter Plastikvorhängen bei chlorgereinigten Drinks sicher, und von dort lassen sie sich in klimatisierten Bussen durch die Stadt fahren, steigen ja nicht aus, höchstens um ein überteuertes Abendessen bei *Alfredo* oder *Ranieri* einzunehmen. Ein an sich nobles und altes, aber hellhöriges und lärmiges Hotel ist das *Inghilterra* in einer Nebenstraße der Via Condotti; das Hotel *Forum,* das tatsächlich am Forum steht, hat als herausragende Attraktion eine Terrasse, von der aus man schon beim Frühstück die Aussicht über die Reste der Antike, über Forum und Kaiserfora genießen und studieren kann. Gern bin ich immer im *Colonna Palace* abgestiegen, an der Piazza Montecitorio, am Parlament. Eine Zeitlang konnte man von dort aus (in den Monaten der *Manipulite*) beobachten, wie Politiker, deren korruptes Verhalten aufgeflogen war, unter dem Beifall der Menge in Handschellen abgeführt wurden. Erwähnenswert ist das von Thomas Bernhard besungene *Minerva* mit herrlicher Dachterrasse und das nahe gelegene *S. Chiara* mit hervorragendem Preis-Leistungs-Verhältnis. Unzählig sind die mittleren und kleinen Hotels, die oft aus formalen Gründen weniger Sterne haben, aber deswegen nicht schlecht sein müssen. Besonders anheimelnd ist das über nur 23 Zimmer verfügende, nahezu in die hochbarocke Kirche *Sant'*

Antonio dei Portoghesi hineingebaute *Hotel Portoghesi* nahe der Piazza Navona. Nicht weit entfernt davon, fast am Tiber, ist das uralte *Albergo dell' Orso*, in dem Rabelais, Montaigne und Goethe abgestiegen sind. Überhaupt war dieses ganze Viertel hier im Mittelalter und auch noch später das Gaststätten-Quartier.

Eine Besonderheit in Rom sind die – meist billigen – Pilger- und Gruppenunterkünfte, die natürlich meistens Jugendherbergscharakter haben. Fast alle werden von Ordensschwestern betrieben und betreut, sind daher immer sauber, wenngleich karg. Eine ausführliche Liste der Klosterunterkünfte erhält man beim deutschen Pfarrer in der Via della Pace 20 (nahe Piazza Navona).

Besser als mit der insgesamt eher lieblosen Hotellerie steht es mit der Gastronomie. Hier gilt als erste Regel (wie fast überall auf der Welt): *nie* im Hotel essen. Hotelrestaurants sind teuer und schlecht. (Ausnahmen sind selten.) Die großen Nobelrestaurants, zwei wurden oben schon genannt, schwelgen natürlich in Damast, Silber und Kellnerbrigaden, sind aber meist international-unprofiliert. Es gibt Schickeria-Lokale, in denen nichtsahnenden Touristen Menüs für drei- und vierhundert Euro aufgeschwatzt werden, wenn sie nicht vorher die Speisekarte genauer studieren. Aber das ist, wie jeder weiß, keine speziell römische Untugend. Wenn man sich daran hält, dorthin zu gehen, wo die einheimischen Gäste überwiegen, kann einem kulinarisch und finanziell nichts passieren. Eine römische Spezialität und weltberühmt ist *Alfredo,* der König der

Nudel. Es gibt mehrere *Alfredo,* jeder behauptet, der originale zu sein. Einer findet sich in der Villa della Scrofa, ein anderer an der Piazza Augusto Imperatore, der dritte am Borgo Sant' Angelo beim Vatican. Wie sich die Alfredi aufgespalten haben, ist eine Wissenschaft für sich. Es dürfte wohl so wie beim Nildelta sein: Da ist auch jeder Arm originaler Nil. Die Nudeln Alfredos sind, das ist immer noch so, ein Gedicht, oder: langgezogene Rhapsodien. Aber es gibt nicht nur die drei Alfredi, selbstverständlich, es gibt unzählige Trattorie, Ristorante und Osterie (die Benennung bedeutet wenig Unterschied) über ganz Rom verstreut, und mit den zum Teil erstaunlich preiswerten Lokalen ist es wie mit den Kirchen: Jeder hat seine Vorlieben und schwört auf sie. Jedes Restaurant, das man nennt, kränkt eins, das man übergeht. So gibt es den geliebten *Umberto* in Trastevere (Piazza S. Giovanni della Malva), wo der Wirt serviert und wo es in einem winzigen Garten nicht römisch, sondern tiefgründig trasteveranisch zugeht, oder das winzige »*Da Gino*« hinterm Parlament in der Via Rosini, wo es keine Speisekarte, aber vorzügliche römische Speisen gibt. Wenn man in die *Costanza* kommt, ein äußerst liebenswürdiges Lokal gleich hinter S. Andrea della Valle, grüße man bitte den Kellner Paride vom Autor dieses Büchleins und versäume nicht, den *Risotto fior' di zuccho* zu essen. Das *Angoletto* auf der Piazza Rondanini (Nähe Pantheon) zeichnet sich durch günstigstes Preis-Leistungs-Verhältnis aus. Im *Arco di Callisto* im Trastevere gibt es guten Fisch, und wenn man Glück hat, singt eine zahnlose römische Alte aus dem ersten Stock des Nachbarhauses leise Lieder in einer unverständlichen Sprache. Unbedingt meiden aber sollte man so gut wie alle Lokale in der Bannmeile des Petersplatzes, mit Ausnahme des *Pierdonati* in der *Via della Conciliazione*, meiden sollte man auch die Lokale direkt an der Piazza Navona. Vorzüglich gegessen habe ich im (teuren) *Camponeschi* an der Piazza Farnese und im (preiswerten) *Cannavota* beim Lateran. Für ein schnelles Mittagessen ist der *Giolitti* in der Via Uffici del Vicario gut, das beste Eis, sagt man, sei entweder im genannten *Giolitti*, im *Palma* (Via della Maddalena) oder im *Biancaneve* am Ponte Vittorio Emanuele zu haben.

Es wäre eine interessante Streitfrage: Gibt es in Rom mehr Kirchen oder mehr *Bars*? Ich wage nicht, das zu entscheiden. Unter *Bar* versteht man in Rom wie überall in Italien nicht etwa einen Nachtclub, sondern ein kleines (meist) Steh-Café, in dem auch Wein und Spirituosen ausgeschenkt und kleinere Imbisse gereicht werden (Sandwiches, kleine Kuchen, auch Eis und dgl.). Oft ist eine *Bar* mit einem Tabakladen, einem Zeitungskiosk und Fahrscheinvertrieb verbunden, die Hauptsache aber ist natürlich der Kaffee. Er wird immer frisch gemacht und ist eigentlich überall vorzüglich. (Die *Bars* haben meist keinen Namen.) Man zahlt *zuerst* an der Kasse, bekommt einen Bon, reicht ihn – oft nur einen Schritt entfernt – dem Kellner und bekommt dann das Gewünschte. Trinkgeld wird erwartet: Man wirft es in ein Sparschwein o. ä., das am Tresen steht. Wenn man sich an einen der höchstens zwei, drei Tische setzt, wird die Konsumation – das ist streng gesetzlich geregelt – erheblich teurer. Bars sind über ganz Rom verstreut, sie öffnen früh und schließen spät. Nie ist Not an einer Bar, wenn man Durst auf Kaffee hat. Meistens genügen ein paar Schritte, und schon ist eine da. Die *Bars* sind sozial hochwichtige Kommunikationszentren für die Nachbarschaft, und ohne *Bars* ist das Leben in einer italienischen Stadt nicht denkbar. An dieser Stelle muß ich doch eine, wenn man so sagen kann, baristische Kuriosität erwähnen. Franca Magnani hat sie mir gezeigt: Vezios kleine, finstere Bar in der Via dei Delfini (nahe Piazza Mattei), der letzte Stützpunkt der Weltrevolution, geschmückt, wenn man das Wort Schmuck dafür verwenden darf, mit allen Zimelien des Marxismus von Stalin-Photos bis zu Ché-Guevara-Fahnen – rot in rot sozusagen, aber der Kaffee ist von normaler Farbe.

Das *Caffè* – also: das richtige Kaffeehaus – unterscheidet sich von der *Bar* grundlegend. Caffès gibt es nicht so viele. Das weltberühmte *Antico Caffè Greco* wurde oben schon erwähnt, auch das *Caffè Martini* schon genannt. Ehemals berühmt, heute eher zu Fast-Food-Verteilung verkommen, ist das *Aragno* am Corso. Altertümlich und verspielt (und teuer) ist das *Rosati* an der *Piazza del Popolo*. Als der beste Kaffee Roms, wenn nicht gar der Welt gilt mit Recht der im *Tazza d'Oro*, das allerdings eher ein exquisites Kaffee-Geschäft mit angehängtem Steh-Cafè ist (nahe Pantheon). Eine *Bar* im üblichen Sinn, aber besonders abends stark frequentiert, ist die Bar *Sant' Eustachio*, deren *Caffè speciale* und *Gran Caffè* stehend, in der Menge eingeklemmt, genossen werden müssen. Die Bar hat nur drei Wände, die vierte ist zur Straße offen. Der Fluß des Gedränges bringt es mit sich, daß man plötzlich wieder draußen steht, wo man aber die nachts feenhaft beschienene Schnecken-Kuppelspitze von Sant' Ivo betrachten kann, eine der schönsten Schöpfungen Borrominis, eines der seltenen Beispiele reiner manieristischer Architektur.

Ein Kuriosum anderer Art ist *Babington's Tea-Room* direkt an der Spanischen Treppe, wenn man den tausendmal fotografierten Blick über die beiden traditionellen Blumenstände und die leider auch schon traditionelle Masse von Rucksack-Touristen, die auf der Stiege lagern, die hinauf nach San Trinità dei Monti führt, nach links wendet; das Haus gleich rechts der Treppe ist das Wohnhaus Keats', Shelleys und Severns und heute ein liebenswürdiges, äußerst sehenswertes, kaum besuchtes Museum *(Keats-and-Shelley-Memorial)*. Es zeigt, wie die romantischen Fremden im XIX. Jahrhundert in Rom gelebt haben. *Babington's Tea-Room* wurde 1896 von zwei Engländerinnen für ihre Landsleute eingerichtet, die sich bei all dem Kaffee und den Spaghetti nach echter englischer Küche sehnten. Ich vermute, daß die dort verabreichten Kekse noch aus den Gründungsbeständen stammen. Im übrigen ist das ganze malerische Viertel hier seit alters ein Künstlerquartier, auch heute noch, und in den Läden finden sich viele Galerien, Kunsthandlungen und Antiquariate.

Eine kulinarische Rarität anderer Art ist das Restaurant *Eau Vive* in der Via Monterone (nahe der Bar Sant' Eustachio). Das Lokal wird von Missionsschwestern betrieben, es servieren Missionstöchter aus allen Erdteilen. Jeden Tag wird nach den Rezepten eines anderen Erdteils gekocht; das Essen ist vorzüglich und äußerst gepflegt. Um zehn Uhr abends singen die Nonnen ein frommes Lied. (Die Gäste müssen nicht mitsingen, dürfen aber.) Solang der gegenwärtige Papst noch Cardinal war, sei er, heißt es, bei seinen Rom-Besuchen immer hier eingekehrt; mehr oder weniger verschämt mit seinen Freunden tafelnd. Prälaten sind meist leicht an den salbungsvollen Gesten zu erkennen, mit denen sie den Löffel halten.

Daß Rom voll von Kunstschätzen und daß hier die Vergangenheit aufs lebendigste gegenwärtig geblieben ist, erschließt sich selbst dem nur durchschnittlich aufmerksamen Besucher schon bald. Die Kirchen und die Schätze darin sind natürlich frei zugänglich, man sollte sich aber merken, daß in der Regel *alle* Kirchen (mit Ausnahme von St. Peter) zwischen 12 oder ½ 1 und 4 Uhr geschlossen sind. (Die Öffnung in der Früh und die Schließung am Abend hängt jeweils von der Uhrzeit der ersten bzw. letzten hl. Messe ab. An fast jeder Kirche hängt ein *Orario.*) *Forum, Palatin, Caracalla-Thermen* und einige andere Ausgrabungsstätten sind abgeschlossene archäologische Areale, die zu bestimmten Zeiten (siehe Anhang) gegen Eintrittsgeld besucht werden können. Jugendliche unter 18 und Personen über 60 Jahren (allerdings nur EU-Staatsbürger) haben übrigens gegen Vorlage eines Passes oder Ausweises freien Eintritt. Viele besuchen nur das berühmtere Forum und machen sich nicht die Mühe, am Titusbogen vorbei den Clivus Palatinus hinaufzusteigen, was ein Fehler ist, denn auch der Palatin ist ein hochinteressantes Gebiet und außerdem eine pinienschattige Oase der Ruhe. Die wichtigsten Museen sind die beiden auf dem Capitol (*Museo Capitolino,* wenn man hinaufkommt links, *Museo del Palazzo dei Conservatori,* rechts, die Eintrittskarte gilt für beide Museen), dann das Thermen-Museum, offiziell *Museo Nazionale Romano,* das nun auf verschiedene Bauten in der Stadt verteilt ist: das eigentliche Thermen-Museum an der *Piazza di Cinquecento* mit dem (höchst empfehlenswerten) ehemaligen Planetarium, der *Aula Ottogona* gleich nebenan, ein Teil der Thermen, dessen Überdachung original antik ist (wie sonst in ganz Rom nur im Pantheon), der nahe gelegene *Palazzo Massimo Alle Terme* und, nahe der Piazza Navona, der *Palazzo Altemps*, eine in einem zum Teil original ausgestatteten Renaissance-Palast untergebrachte, vorzüglich eingerichtete Sammlung. Diese Museen enthalten, neben den Vaticanischen, die bedeutendsten antiken Fundstücke. Das *Museo di Roma,* nach langen Jahren wieder geöffnet, enthält Exponate zur Stadtgeschichte von der Antike bis zur Neuzeit; es ist – an der Piazza S. Pantaleone – im Palazzo Braschi untergebracht. Braschi hieß Papst Pius VI. mit Familiennamen. Überall in Rom stehen Paläste mit solch verräterischen Papst-Familiennamen: Farnese, Altieri, Piccolomini, Buoncompagni, Chigi, Albani, Odescalchi usw. Ein Papst konnte gar nicht kurz genug regieren wie etwa Gregor XV. (1621–1623), um nicht für seine Neffen eine Villa oder einen Palast abzuzweigen ... wenn nicht gar ein ganzes Fürstentum, wie Papst Paul III. Farnese für seinen, nein, nicht Neffen, für seinen Sohn: das Herzogtum Parma, an dem die Papstsprößlinge bis 1859 festhielten. Aber die Bezeichnung der jeweiligen Paläste ist oft verwirrend, denn sie wechselten oft den Eigentümer. Die bedeutendste Sammlung Etruskischer Kunst ist im *Museo Nationale Etrusco di Villa Giulia* ausgestellt, wieder zugänglich auch das Goldkabinett. Im *Palazzo Venezia* sind neben Wechselausstellungen Zimelien aus Roms mittelalterlicher Geschichte zu sehen. Der *Palazzo Venezia* an der gleichnamigen Piazza diente einst als Gesandschaftsgebäude der Republik Venedig in Rom, erbaut und vielfach ergänzt und erweitert seit Mitte des XV. Jahrhunderts. Als Österreich 1814 die ganze Republik Venedig zugeschlagen bekam, vereinnahmte es auch diesen Palast und machte ihn zur österreichischen Botschaft, bis er 1916 von den Italienern als Feindvermögen enteignet und nie mehr zurückgegeben wurde. Von 1929 an diente er dem Politclown Mussolini als Amtssitz. In der *Sala del Mappomondo*, so genannt wegen einer an die Wand gemalten Weltkarte von 1504, stand Mussolinis enormer Schreibtisch, der allerdings, so die Augenzeugen, immer leer war, tadellos aufgeräumt, weil Mussolini alle ihm vorgelegten Akten stets sofort erledigte, was sich allerdings darauf beschränkte, daß er an den Rand schrieb: »molto importante« (sehr wichtig) – er war, wie sein Freund Hitler auch, ein fauler Strick und Maulheld, was er durch gelegentliches Belfern vom Balkon des Palazzo auslebte. Die Römer jubelten, was sie allerdings 1943 dann rasch vergaßen … so wie die Deutschen zwei Jahre später ihre Begeisterung für den »Führer«.

Es gehört auch das zur Geschichte der Stadt Rom, diese zwanzig Jahre Faschismus, die ja, worauf schon hingewiesen wurde, Wunden im Stadtbild zurückgelassen haben. 1943 wurde Mussolini abgesetzt, und das war kurios und spielte auch hier im Palazzo Venezia. Einige der faschistischen Gefolgsleute des »Duce« zwangen ihn, weil sie rechtzeitig die Front wechseln wollten, den »Großrat« einzuberufen, das höchste Parteigremium, das Mussolini damals schon jahrelang vernachlässigt hatte. Die »Großräte« hatten dann unterm Tisch alle ihre Hand an den Pistolen, weil sie annahmen, Mussolini würde sich wehren, wenn sie ihm nun sagten, daß er abgesetzt sei. Aber was passierte? Mussolini hörte einigermaßen erstaunt zu, dann stand er auf und sagte sinngemäß: Schönen Tag noch, auf Wiedersehen! Und ging. Er wurde dann allerdings verhaftet, als er beim König seine Demission als Ministerpräsident abgab, und auf die Insel Ponza verbannt, wo er mit den vom ihm seinerzeit dorthin verbannten Antifaschisten spazierenging.

Ein Wort zum Antifaschismus. Zum heutigen italienischen Selbstverständnis gehören zwei Dinge: das intellektuelle Jammern über Jahrhunderte von Fremdherrschaft in Italien, was zu nationaler, bis heute spürbarer Deformation geführt habe, und der Widerstand und die heldenhaften Partisanen gegen den Faschismus. »– und is' alles net wahr«, wie Nestroy, allerdings in anderem Zusammenhang, sagt. Wenn man genau hinschaut, stellt man fest, daß sich die Fremdherrschaft (etwa in der Lombardei und Venezien österreichischerseits) auf wenige Jahrzehnte belaufen hat, und wenn, wie in der Toscana, eine fremde Dynastie ans Ruder kam, wurde sie binnen einer Generation italianisiert. Und die Päpste, auch weltliche Herrscher in Rom, waren zu über 90 % Italiener. Soviel zur Fremdherrschaft. Der antifaschistische Widerstand aber war bis 1943 unerheblich. Daß Italiener aus politischen Gründen emigrierten – wie Franca Magnanis Vater –, war selten, Opposition gab es wenig, im Gegenteil, die italienischen Intellektuellen und Künstler fanden sich noch schneller mit dem Faschismus ab als die deutschen, sympathisierten oft weitgehend mit ihm. Partisanen und, was allerdings richtig ist, äußerst wirksame Subversion usf. fand erst nach dem Sturz Mussolinis in den Teilen Italiens statt, die von den Deutschen besetzt wurden.

Aber gestützt auf die Heldentaten der Partisanen konnte die politische Mehrheit Italiens unbeschadet die Diktatur ad acta legen, brauchte sie nicht einmal – wie die Deutschen – mühsam zu verdrängen. Über dem Bühnenportal der römischen Oper steht heute noch in goldenen Lettern, daß das Haus unter König Vittorio Emanuele III. und dem Duce Benito Mussolini erneuert worden sei. Und bei der letzten Renovierung in den achtziger Jahren wurde die Schrift neu vergoldet.

Neben den großen Museen gibt es viele kleinere, oft Spezialgebiete betreffende Sammlungen, wie das *Museo Napoleonico*, naturhistorische Museen, einige militärgeschichtliche, das bedeutende Musikinstrumenten-Museum neben Santa Croce in Gerusalemme, das wenig besuchte, aber für den Interessierten überraschend informative Museum der Geschichte der römischen Stadtmauern (Museo delle mura) in den Türmen der Porta S. Sebastiano.

Des weiteren gibt es dann die zum Teil noch privaten Sammlungen in fürstlichen Palästen: *Barberini, Doria, Spada,* die zu gewissen Zeiten zugänglich sind, dann die *Engelsburg,* in der keine Ausstellungsstücke untergebracht sind, die vielmehr ein Museum an sich ist. (Daß Tosca hier heruntergesprungen ist, wurde schon erwähnt. Der zweite Akt dieser so spezifisch römischen Oper spielt im – da französische Botschaft – leider nicht zugänglichen Palazzo *Farnese;* der Schauplatz des ersten Aktes ist *Sant' Andrea della Valle,* und zwar in der ersten Seitenkapelle rechts; bei Puccini heißt sie

Cappella Attavanti, in Wirklichkeit: Capella Lancelotti.) Wer sich für moderne Kunst interessiert und für die von der Kunstgeschichte fast völlig vernachlässigten italienischen Impressionisten des XIX. Jahrhunderts, dem sei die *Galleria Nazionale d'Arte Moderna* im Valle Giulia empfohlen. Villa bedeutet im Italienischen nicht: elegantes Haus, sondern: Park; die Villa in unserem Sinn heißt *Casino,* und so ist in der Villa Borghese tatsächlich das *Casino Borghese,* das auch ein Museum ist, in dem die Sammlung der Familie Borghese untergebracht ist. Hier steht die berühmte, auf ihrem Sofa ruhende nackte Schwester Napoleons, Paolina Borghese, von Canova gemeißelt, die Daphne von Bernini, hängt die »Himmlische und die irdische Liebe« von Tizian und vieles mehr. Für den Besuch ist genaue Voranmeldung zwingend erforderlich. (Näheres siehe Anhang.) Vom Casino Borghese muß man den *Palazzo Borghese* unterscheiden, der der Stadt-Palast der fürstlichen Familie war. Es gibt mehrere »Villen« im Stadtgebiet von Rom (außer Borghese: Torionia, Albani, Ada »già Savoia«, Doria-Pomphili), die zum Teil als öffentliche Parks zugänglich sind.

Eine, zumindest für Deutsche, Villa eigener Art ist die *Villa Massimo,* die außerhalb der Porta Pia in der Nähe der Via Nomentana liegt. In der Villa Massimo hat die *Deutsche Akademie* ihren Sitz, in der Stipendiaten: junge Musiker, Maler, Schriftsteller, Architekten usw., jeweils ein Jahr lang beneidenswert leben können. Fast alles, was in der deutschen Literatur der Gegenwart Rang und Namen hat, ist auch in den Annalen der *Villa Massimo* verzeichnet, in der Musik ist das fast noch mehr der Fall. Überhaupt hat die deutsche geistige und wissenschaftliche Präsenz in Rom große Tradition. Das *Deutsche Archäologische Institut* in der Via Sardegna ist über hundertfünfzig Jahre alt (1829 gegründet) und geht auf Niebuhr zurück, den Nachfolger Humboldts als preußischer Gesandter in Rom. In der Via Gregoriana, im manieristisch geschmückten Palazzo Zuccari, hat das *Deutsche Kunsthistorische Institut,* genannt *Bibliotheca Hertziana,* ihren Sitz, das *Deutsche Historische Institut* liegt an der Via Aurelia Antica, wo ebenfalls die bedeutende, auch von vielen Italienern besuchte große deutsche Schule vor einigen Jahren neu erbaut wurde. Das *Goethe-Institut,* heute in der Via Savoia 15, war früher in der Via del Corso untergebracht, aber nicht in dem Haus, in dem Goethe gewohnt hat; das findet sich in der Via del Corso 18. Nach aufwendiger und guter Renovierung ist die *Casa di Goethe* mit ihren Erinnerungsstücken zu dem Rom-Aufenthalt des Olympiers (und mit gelegentlichen Wechselaustellungen) wieder zugänglich. Ob die Wohnung, in der das Museum untergebracht ist, wirklich Goethes Wohnung in Rom war, darüber streiten sich die zuständigen Gelehrten immer noch.

Wer Goethes »Italienische Reise« in Rom kaufen will, wende sich an die Buchhandlung *Herder* an der Piazza Montecitorio gegenüber dem Parlament und dem Obelisken, der früher einmal der Sonnenuhr des Augustus als Zeiger gedient hat. Die (internationale) Buchhandlung Herder führt nicht nur ein gutsortiertes Angebot deutscher und anderssprachiger Bücher, sondern vor allem auch Reise- und Kunstführer, Bildbände und überhaupt Rom- und Italienliteratur aller Sparten von populärwissenschaftlichen Werken bis zu archäologischer und historischer Fachliteratur – und *dieses* Buch; angeschlossen ist ein Antiquariat.

Der größte Museumskomplex Roms ist zwar in Rom, aber nicht in Italien: die Vaticanischen Museen. Das gehört auch zur Geschichte der Stadt: Als Rom aufhörte, Kaiserstadt zu sein, oder das nur noch dem Namen und der – wenngleich mächtigen – Idee nach war, wurde sie nach und nach zur Stadt der Päpste. In einem komplizierten politischen Prozeß entwickelte sich die weltliche Herrschaft der Päpste über Rom und den Kirchenstaat, der ganz Mittelitalien umfaßte. Zunächst konkurrierten die Päpste in der Stadtherrschaft mit den Bürgern, die noch eine ferne Ahnung von antiker Würde hatten, und mit den *Baronen,* deren mächtigste Clans Colonna und Orsini hießen und nicht viel mehr als Raubritter waren. Die kurzlebige Herrschaft des Cola di Rienzo oder *Rienzi,* des »Letzten der Tribunen« im XIV. Jahrhundert, war das letzte Aufflackern des Bürgerstolzes. Zu der Zeit residierten (70 Jahre lang) die Päpste in Avignon. Als Urban VI. 1378 die Residenz nach Rom zurückverlegte und als mit dem tüchtigen Martin V. 1417 das sog. *Große Schisma* zu Ende ging (in dem es zeitweilig bis zu drei sich befehdende Päpste gab), befestigte sich die weltliche Herrschaft der Päpste über Rom und wurde in der Zeit der Gegenreformation im XVI. Jahrhundert zur absoluten Monarchie. Im XVIII. und XIX. Jahrhundert war der von Geistlichen gelenkte Staat der engstirnigste und intoleranteste, wie sich denken läßt, wenn es auch relativ aufgeklärte Ausnahmen unter den Päpsten gab, wie den gelehrten Benedict XIV. (1740–1758). Eigenartig ist, daß gerade in dieser Zeit die Anziehungskraft der Stadt Rom auf Protestanten besonders groß war. Goethe gehörte zu diesen Protestanten. Er hat in Rom nicht nur die Spuren der Antike gesucht. Seine »Italienische Reise« ist voll von diesem seltsamen Antagonismus der Seele.

1870 war die weltliche Herrschaft der Päpste zu Ende. Am 20. September marschierten die Truppen König Victor Emanuels II. (das ist der auf der »Schreibmaschine«) durch die Porta Pia in Rom ein. Die Straße heißt deswegen heute noch »Via XX Settembre«. Der Papst, es war Pius IX., zog sich schmollend in den Vatican zurück und verstand die Welt und vor allem den Himmel nicht mehr, der die gotteslästerlichen Savoyarden offensichtlich nicht zerschmetterte. Die Nachfolger Pius IX., Leo XIII., Pius X. und Benedict XV., verbrachten ihre Pontificate in freiwilliger »Gefangenschaft« im Vatican. Die neuen italienischen Herren respektierten nachsichtig den finsteren Groll. Sie boten dem Papst die Friedenshand, die ganze *Città Leonina* (d. h. das ganze Stadtgebiet vom Vatican bis zur Engelsburg; jeweils einschließlich), die Anerkennung des Status als souveräner Monarch und eine beträchtliche Jahresrente in Geld. Es passierte das Einmalige: Der Papst nahm Geld, das ihm geboten wurde, nicht an. Nur wer die Kirchengeschichte kennt, ermißt daran die Tiefe des pontificalen Grolles. Erst Pius XI. arrangierte sich 1929 mit dem königlichen Regime, das damals von Mussolini repräsentiert wurde, und schloß die beiden Lateranverträge: ein Concordat (das inzwischen – 1987 – in wesentlichen Punkten modifiziert wurde) und einen Staatsvertrag, wodurch der kleinste Staat der Welt geschaffen wurde: der Vaticanstaat, weit kleiner, als ihn Pius IX. 1870 hätte haben können. (Offiziell: *Stato della Città del Vaticano*, wovon das vaticanische Autokennzeichen kommt: SCV. Mit einem SCV zu fahren dürfte in Rom der feinste Chic sein. Der wie seit zwei Jahrtausenden beißende römische Volkswitz hat die Abkürzung umgedeutet: SCV = »Se Cristo vedesse ...« »Wenn Christus [das] sehen würde ...«, nämlich den weltlichen Reichtum der Kirche, mit dem es allerdings, sagt und hört man, in letzter Zeit nicht mehr allzuweit hersein soll. Es haben übrigens nur die staatlichen Vatican-Fahrzeuge das SCV in der Nummer. Vaticanische Privatfahrzeuge heißen CV.) Der Vaticanstaat, der eigene Münzen (wertgleich mit dem Euro, aber es gibt sie nicht, denn alle sind sofort in den Schubladen der Münzsammler verschwunden), eigene Briefmarken, ein eigenes Heer, nämlich die Schweizergarde, hat, umfaßt nicht mehr als die Peterskirche und deren Vorplatz bis zu den Colonnaden Berninis, die – nur bedingt und nur zum Teil zugänglichen – ummauerten vaticanischen Gärten und – der größte Teil der Gebäude – die Vaticanischen Museen. Man kann mit einigem Fug sagen, daß der Vatican das einzige Museum der Welt ist, das einen eigenen Staat bildet.

Um in den eigentlichen Vatican zu gelangen, braucht man ein Visum, das man nur kriegt, wenn man einen Grund zum Besuch hat. Bloße Neugier genügt nicht. Die Vaticanischen Museen – deren Zugänge zu den Gärten usw. hermetisch abgeschlossen und bewacht sind –

betritt man durch das Hauptportal nördlich *(Viale Vaticano)* des Petersplatzes; dort befindet sich der Kassenraum und der Aufgang in die oberen Stockwerke.

Die Vaticanischen Museen sind unübersehbar reich und, trotz sinnvoller Gliederung und Führungslinie, unübersichtlich. Die Zahl der Exponate wird auf 50 000 geschätzt, der Weg durch das Museum beträgt 7 km. Zu den Museen gehört die *Sixtinische Kapelle* mit den Deckenfresken und dem Jüngsten Gericht Michelangelos, eines der größten Kunstwerke der Welt, die *Loggien* und *Stanzen* Raffaels und das *Appartamento Borgia*, alles mit bedeutenden Fresken ausgestattete Räume. Die eigentlichen Ausstellungen gliedern sich in verschiedene in sich abgeschlossene Museen, die hier nur ganz kursorisch aufgezählt werden können: *Museo Gregoriano Egizio* (eine bedeutende ägyptische Sammlung), *Museo Chiaramonti* (antike Bildwerke), *Museo Pio-Clementino* (Apoll von Belvedere, Laokoon), *Museo Gregoriano Etrusco,* das *Museo Gregorio Profano,* das *Ex-Museo Lateranense,* die *Pinacoteca* (bedeutende Bildersammlung, u. a. Tizian, Raffael, Leonardo), die Sammlungen moderner christlicher Kunst, das sehr umfangreiche Völkerkunde-(und Missions-)Museum und zuletzt, eher eine Kuriosität, im Garten die Remise mit den päpstlichen Kutschen und Automobilen. Die *Sixtinische Kapelle* wurde in den letzten Jahrzehnten des XX. Jahrhunderts mit dem Geld einer japanischen Fernsehanstalt gründlich renoviert: erst die Deckenfresken, dann das »Jüngste Gericht« an der Stirnwand. Was dabei an Farbigkeit zutage kam, ließ Hekatomben kunsthistorischen Papieres zu Makulatur werden.

Man kann selbstverständlich darüber streiten, und zugegebenermaßen sind die nun hellen und oft pastelligen Farben der Fresken ungewohnt. Nicht diskutiert aber werden kann, daß die jetzt wieder zutage getretenen Farben die sind, die Michelangelo gewählt hat. Außerdem sind durch die Aufhellungen Farbnuancen wieder aufgetaucht, die weitere räumliche Dimensionen in Michelangelos kompliziertem Bildprogramm klarlegen. Ich glaube, daß der jetzige Zustand dieses Kunstwerkes wertvoller ist als tausend kunsthistorische Deutungen.

Michelangelo hat die Deckenfresken von 1508 bis 1512 gemalt. Fast ein Vierteljahrhundert später, 1536, hat er den Auftrag für das Altarfresko, das *Jüngste Gericht,* angenommen und die Arbeit innerhalb von fünf Jahren (bis 1541) ausgeführt. Das Gemälde wurde sofort als Skandal empfunden, nicht nur wegen der vielen nackten Figuren, sondern auch wegen antikirchlicher Tendenzen im Bildprogramm, die man Michelangelo (vielleicht nicht ganz zu Unrecht) unterstellte. Es wurde mehrfach im Ernst erwogen, das Fresko beseitigen zu lassen. Der sonst eher kunstsinnige Pius IV. begnügte sich damit, die anstößigsten Stellen übermalen zu lassen. Der Auftrag dazu ging, im Jahr nach Michelangelos Tod, an Daniele de Volterra, der die Blößen der Figuren mit Tüchern, Schleiern usw. überdeckte, die als besonders aufregend empfundene, völlig nackte, üppige heilige Katharina neu malte. Daniele trug das in der Kunstgeschichte den Spitznamen »Braghettone« (Höschenmaler) ein, zu Unrecht, denn man muß Daniele, einem Schüler und glühenden Bewunderer Michelangelos, zugute halten, daß er seine Arbeit mit soviel Geschmack erledigte, wie der barbarische Auftrag nur eben zuließ. Über den ursprünglichen Zustand des Bildes informiert uns eine vor der Zeit der Verstümmelung von einem gewissen Marcello Venusti angefertigte Kopie im Museum zu Neapel. Bei der Restaurierung nun wurden, soweit nicht Daniel den Mörtel abschlug und neu machte und also *nur* übermalte, die »Höschen« entfernt, und beim nächsten Konkalve werden sich also die papstwählenden Cardinäle mit den Nuditäten konfrontiert sehen. Die ganze Restauration, der alte Zustand und der neue, die Arbeit daran usw. sind in mehreren unterschiedlichen Publikationen genau dokumentiert.

Das alles sind natürlich längst nicht alle Sehenswürdigkeiten Roms, nur Anregungen, und wer sich wirklich interessiert und sein Interesse gar vertiefen will, wird nicht darum herumkommen, sich in einen der zahlreichen, mehr oder weniger umfangreichen Kunst- und Stadtführer zu vertiefen, was vielleicht im *Caffè Greco* geschieht, denn schon Goethe hat festgestellt: Auf Rom bereitet man sich am besten in Rom selber vor.
Eine besondere Sehenswürdigkeit, die *Ara Pacis Augustae*, ist derzeit nicht zu sehen. Dieses bedeutende Zeugnis der frühen römischen Kaiserzeit, das nicht nur kunsthistorisch bedeutend ist, sondern auch als Beispiel für die politische »Macht der Bilder« (Paul Zanker) wichtiger Weihegeschenke, das der Senat 13 v. Chr. Augustus stiftete, war unter einer großen Glashaube am Tiberufer ausgestellt. Nun soll der bedeutende Architekt Richard Maier an anderer Stelle ein wür-

diges Gehäuse schaffen. Wann? Das steht in den Sternen, an die Augustus felsenfest geglaubt hat.

In den fünfziger Jahren war Rom eine Zeitlang besonders en vogue. Da gab es den Schlager »Arrivederci Roma«, die Filme »Three Coins in The Fountain« und – woraus auf ein in ganz Rom verbreitetes Lebensgefühl geschlossen wurde – »La dolce vita«. Symbol all dieses Mißverständnisses war die *Via* (eigentlich: *Vittorio*) *Veneto*. Das ist alles längst verweht, wenn es überhaupt je existiert hat. Wer also nach Rom in der Erwartung kommt, nackte Starlets in Brunnen hüpfen zu sehen, wird enttäuscht sein. In Rom tost nur der Verkehr. Dennoch gibt es in Rom wie in jeder Großstadt mehr oder weniger anspruchsvolle Vergnügen. Striptease und Sexkinos gibt es in der Gegend der Via Veneto und im Bahnhofsviertel, Nachtclubs und Piano-Bars oft in den größeren Hotels, Kinos gibt es, wie überall, nicht mehr sehr viele. Gemessen an der Einwohnerzahl sind auch die Theater eher rar. (Die Italiener sind ein Volk exzessiver Fernseher.) Neben den großen Theatern *Teatro Argentina* (am Largo Torre Argentina), *Teatro Quirino* und *Teatro Valle,* die klassische und moderne Stücke spielen, gibt es etwa ein Dutzend kleine oder kleinere Boulevard-, Experimentier- oder Avantgardetheater, etwa das hübsche *Teatro Belli* in Trastevere. Die Theatersaison beginnt in der Regel im Oktober und endet im Juni. Der Vorstellungsbeginn ist, für deutsche Begriffe, spät: 9 oder gar $^1/_2$ 10 Uhr. In der Via Firenze/Via Viminale befindet sich die Römische Oper, die zwar sicher nicht schlecht ist, aber wegen zahlreicher finanzieller und personeller Querelen nicht dem Standard entspricht, den man von einem Opernhaus einer Weltstadt erwartet. Der Bau selber ist nicht sehr ansprechend. Es wurde nämlich 1880 nicht das oben erwähnte Hotel *Quirinale* an die Oper angebaut, sondern umgekehrt: Der damalige Hotelier Domenico Costanzi ließ seinem Hotel eine Oper anfügen. Das Haus hieß deshalb noch lange: *Teatro Costanzi*. 1926 erwarb es die Stadt Rom, 1959/60 wurde es nicht sehr glücklich renoviert. Eigenartig ist das Deckengemälde von der Hand des seinerzeit beliebten Freskenmalers historisierenden Stils Meister Annibale Brugnoli (1843–1911). Das Bild stellt offensichtlich Opernszenen dar. Einige errät man, eine Szene allerdings ist rätselhaft: Da klettern nackte Damen auf einen Baum. Wo gibt es diese Oper? Sollte man die nicht wieder einmal aufführen?

Zum Vergnügen gehört für viele Leute das gepflegte Einkaufen. Da kann man in Rom allerdings schwelgen. Die noblen Läden, wo in einer riesigen, marmorausgelegten Auslage *ein* Paar Schuhe steht, die Couturiers und die großen Juweliere haben ihren Sitz, wie schon erwähnt, in der Via Condotti und den angrenzenden Gassen. Antiquitätenläden finden sich im Ponte-Viertel (nördlich des Corso Vittorio Emanuele) und – vornehmer – in der schönen Via Giulia nahe dem Tiber, in der Via del Babuino und in der Via Margutta und den angrenzenden Straßen zwischen Spanischer Treppe und der *Piazza del Popolo*. Billigere, oft bunte und schreiende Einkaufsvergnügen bietet der Corso, namentlich ein Abschnitt gegen die Piazza del Popolo hin, dann die Via del Tritone und die ganze Via Nazionale. Die mehr boutiquenartigen Läden im Trastevere wurden schon erwähnt. Aber auch in überraschenden Winkeln – man darf sich in Rom nicht durch Breite oder Enge der Straßen irritieren lassen – liegen oft interessante, malerische oder elegante Läden. Wer nur spazierengeht und bummelt und sich an den Schaufenstern ergötzt, dem wird nicht entgehen, daß in Rom – wie nicht anders zu erwarten – ein sonst unbekannter Geschäftszweig blüht: die Clerical-Ausstattung. Dort gibt es von Nonnensandalen und Pfarrwäsche bis zur Bischofsmitra und liturgischen Campingausrüstung alles, was die fromme Seele auf Erden braucht. Das Berühmteste ist die alteingesessene Firma Gamarelli zu der Via dei Cestari, wo auch weiße Papstkäppchen (»Zucchetti«) geführt werden, allerdings nur für *einen* Kunden! Dagegen können schwarze, violette (»colore vescovo«) oder scharlachrote (»colore cardinale«) von jedermann erworben werden. Im »Euro-Clero« nahe dem Petersplatz (was, Hand aufs Herz, wirklich so heißt) gibt es sogar Miniatur-Zucchetti als Andenken. Abläße allerdings werden, seit dem XVI. Jahrhundert, nicht mehr verkauft.

Obwohl Rom, selbst soweit historisch sehenswürdig, nämlich innerhalb der Aurelianischen Mauer, sehr groß ist, ist es besser, ist es eigentlich einzig richtig, die Stadt zu Fuß zu entdecken und sich geläufig zu machen, für größere Strecken den Bus zu benutzen. Mit dem Auto zu fahren hat so gut wie keinen Sinn, denn man kann das Auto nirgendwo stehen lassen, erstens, weil es nicht vor Dieben sicher ist (auch am Tag nicht), und zweitens, weil überall schon Autos geparkt sind. Mit Wirkung vom 2. Februar 1988 wurde per Dekret die Innenstadt (Centro Storico) rigoros für den privaten Autoverkehr gesperrt. Seitdem ist Rom, was das Zentrum betrifft, eine autofreie Großstadt. Also, um genauer zu sein: *gilt* als autofreie Großstadt. Neben Taxi, Polizeiwagen, Feuerwehr usw. darf nur der mit dem Auto in die Innenstadt fahren, der dort dringend zu tun hat und das nur mit dem Auto schafft, zum Beispiel eine kranke blinde Großmutter zum Arzt zu fahren. Bereits wenige Tage nach dem 1. Februar ist die Zahl der kranken blinden Großmütter, die zum Arzt fahren, ins Astronomische gestiegen. Praktisch in jedem Auto saß eine kranke blinde Großmutter. Im März 1988 war der kranke blinde Großmutter-Verleih bereits kryptogewerkschaftlich organisiert, und die Mafia schaffte aus Süditalien Nachschub herbei. Die Behörden reagierten rasch: Man verteilte pauschale Sondergenehmigungen. Berechtigt, eine Sondergenehmigung zu bekommen, ist jeder, der die Stempelgebühr zahlt.

So wurde das Problem gelöst: Theoretisch ist das Centro Storico autofrei, praktisch fahren dort genauso viele Autos wie früher. Nur einmal habe ich es erlebt, da war Rom wirklich autofrei: am Tag der Beerdigung von *Enrico Berlinguer,* des populären Kommunistenführers. Um ein Verkehrschaos bei den zu erwartenden (und dann tatsächlich eingetroffenen) Massen zu verhindern, sperrten die Carabinieri für den ganzen Tag die Stadt innerhalb des Pomeriums. (Einen Tag lang schaffen das die Carabinieri. Die Korruption ist offenbar etwas langsamer.) Nie war es so vergnüglich wie an diesem Tag, in Rom spazierenzugehen. Die Massen störten nicht, die konzentrierten sich um die Parteizentrale an der *Via delle Botteghe Oscure* und später am Lateranplatz, wo sie die Beerdigung in einer tränenreichen Volksfest-Gaudi feierten. Und Rom roch plötzlich nicht mehr nach Benzin. Etwas Seltsames ist mir dabei aufgefallen: An den Wänden klebten Plakate einer Zeitung, quasi ein Extrablatt als Wandzeitung. Darauf standen in ganz dicken Lettern nur zwei Wörter: »ENRICO ADDIO!« ... Zu Gott, Enrico! beim atheistischen Berlinguer. Aber kein Italiener hat verstanden, warum ich das komisch gefunden habe. Schließlich hatte ja auch der Papst ein Beileidstelegramm geschickt.

Rom. Roma aeterna. Rom, seit zweitausend Jahren *die Stadt,* die Mutter, die Seele, das Herz der Welt. Was ist ihr Zauber? Die Ruinen? Die Geschichte? Die Kaiser? Die Päpste? Die Einheit der Gegensätze? Die Spannung der Antagonien? Der Sonnenuntergang hinter der Peterskirche? Der silbergraue Schleier über der violetten Silhouette der Kuppeln und Türme? Rom kann keiner erfassen, kann niemand beschreiben. Rom, die Stadt der Pinien, der Stiegen, der Katzen, der Brunnen, der Obelisken ... von vielem ist in diesem Büchlein *nicht* die Rede gewesen, zum Beispiel von den Obelisken. Es ist nicht Platz für alles auf diesen wenigen Seiten, wenn man von einer Stadt redet, die eine Welt ist. (13 Obelisken gibt es. Von einer gewissen Stelle aus – bei San Carlino alle Quattro Fontane – sieht man drei auf einmal.) Einer davon hat einen rechteckigen, alle anderen einen quadratischen Grundriß. Einer, der kleinste, steht auf einem Marmorelefanten, der von niemand Geringerem als Bernini entworfen wurde. Er steht vor Santa Maria sopra Minerva. Und die Brunnen. Ottorino Respighi hat ein Tonpoem in vier Sätzen geschrieben: *Fontane di Roma* (von denen sich eine, die Fontana der Villa d'Este, aber außerhalb Roms, in Tivoli nämlich, befindet). Aber es gibt natürlich weit, weit mehr. Hätte Respighi alle besungen, wäre er sein Leben lang nicht fertig geworden. Es ist schwer aufzuhören, über Rom zu schreiben. Es ist schwer, Abschied zu nehmen. Damit sind wir beim vielleicht berühmtesten Brunnen Roms: der Fontana di Trevi. Es ist ein relativ neuer Brunnen, eigentlich das jüngste der klassischen Monumente Roms, stammt erst aus dem XVIII. Jahrhundert. Die *Fontana di Trevi* wurde letzthin in relativ kurzer Zeit restauriert und gereinigt und erstrahlt seit Juni 1990 in weißem Glanz; auch das Wasser läuft wieder und wartet auf die weltberühmten und vielbesungenen Münzen. Von wem der Brauch und der Aberglauben stammt, daß man, will man nach Rom zurückkehren, eine Münze hineinwerfen muß, habe ich nirgends erfahren. Aber selbstverständlich halte ich mich daran. Abergläubisch ist man natürlich nicht, aber – um ein Wort Nils Bohrs zu zitieren: Man sagt, es hilft auch, wenn man nicht dran glaubt. Arrivederci Roma – *O Rom! du meine Heimat! Stadt der Seele!* hat Byron geschrieben. Der zufällige Umstand, daß *Roma* verkehrt herum gelesen Amor ergibt, hat zu vielen Spielereien geführt, und mit einer solchen vor- und rückwärts lesbaren Spielerei (deren Urheber mir unbekannt ist) möchte ich diese Einladung nach Rom schließen:

Roma tibi subito motibus ibit Amor,

den ich mir in klassisches Versmaß frei zu übersetzen erlaube:

*Roma, du ewige, dir fliegt ergriffen
die Liebe rasch zu.*

POSTSCRIPTUM

Der seit vielen Jahren in Rom lebende Journalist Erich Kusch, der so etwas ist wie der Doyen der Korrespondenten der ausländischen Presse (und auch tatsächlich lange Präsident der »Stampa estera« war), hat mir er-

zählt, daß einmal ein Korrespondent, der anderswohin versetzt war, verabschiedet wurde. Er faßte beim Abschied seine Erfahrungen und seinen Eindruck von der Stadt zusammen: »Rom ist schmutzig, übervölkert, unregierbar, lebensgefährlich, der Verkehr bricht zusammen, die Infrastruktur kollabiert, die Giftkonzentration in der Luft ist unerträglich, die sozialen Probleme unlösbar geworden, die Zerstörung durch Umweltschäden und Korruption übersteigt die tolerierbaren Werte, *und Rom ist die schönste Stadt der Welt.*«
Und noch ein Postscriptum, ein Gedicht meines Favorit-Lyrikers Robert Gernhardt:

Nachdem er durch Rom gegangen war

Arm eng, arm schlecht
Arm grau, arm dicht
Reich weit, reich schön
Reich grün, reich licht.

Arm klein, arm schwach
Reich groß, reich stark
Arm heiß, arm Krach
Reich kühl, reich Park.

Arm Rauch, arm Schmutz
Arm Müll, arm Schrott
Reich Ruhm, reich Glanz
Reich Kunst, reich Gott.

Anhang

Vorschläge für weiterführende Literatur:

Nach wie vor der beste kunstgeschichtliche Führer durch Rom in deutscher Sprache ist *Reclams Kunstführer Rom,* neubearbeitete Auflage 1994; wer Italienisch lesen kann, für den empfiehlt sich der überaus ausführliche und eigentlich unentbehrliche Kunstführer des *Touring Club Italiano Guida d'Italia,* Band *ROMA,* letzte neubearbeitete Ausgabe: 2001. Wer es noch genauer wissen will (auch auf italienisch), der muß zu den unzähligen dünnen Bänden der seit 1973 in unregelmäßiger Folge erscheinenden *Guide Rionali di Roma* greifen.
Volker Breidecker: Rom – ein kulturgeschichtlicher Reiseführer (Reclam Verlag) ist eine Promenade durch die Zeiten und an die Orte der Stadt, erzählt kenntnisreich von großen und kleinen Ereignissen, Skandalen und Kuriositäten.
Ähnlich gestaltet ist *Peter Gayer: ROM. Ein sentimentaler Reiseführer (Book on demand),* das, locker nach Sehenswürdigkeiten gegliedert, so verblüffende Einzelheiten bringt, daß selbst ausgepichte Romkenner noch etwas lernen können.
Volker Reinhardt: Rom – ein illustrierter Führer durch die Geschichte (Beck-Verlag), ein sehr schön gemachter Band mit vielen farbigen Abbildungen.
Rom – die gelobte Stadt. Texte von Romreisenden aus fünf Jahrhunderten, hrsg. von Johannes Mahr *(Reclam Verlag).*
Gustav Seibt: Rom oder Tod. Der Kampf um die italie-

nische Hauptstadt (Siedler Verlag). Der Autor erzählt die Geschichte des »neuen Kampfes um Rom« (1870), der damals die politische Welt in manche Krisen gestürzt hat, beschreibt in spannender Weise die letzten Jahre der weltlichen Papstherrschaft und führt die Geschichte bis zu den Lateranverträgen von 1929 fort, unentbehrlich für das Verständnis auch des heutigen Verhältnisses des weltlichen und des kirchlichen Italien.

Mauro Lucentini: Rom – Wege in die Stadt (Pattloch), eine Liebeserklärung eines Exil-Römers an seine Heimatstadt.

Die beste und gediegenste Handreichung für den Freund der Altertumswissenschaft ist *Filippo Coarelli: Rom – ein archäologischer Führer (Zabern Verlag)*, Neuauflage 2000.

Karl-Wilhelm Weeber: Alltag im Alten Rom – das Leben der Stadt, ein amüsantes Nachschlagewerk, in dem man nachlesen kann, was die feine Römerin im öffentlichen Bad getragen hat (nämlich nichts) *(Patmos Verlag)*.

Franca Magnani: Rom – zwischen Chaos und Wunder, aus dem Nachlaß dieser großen, ernsthaften Jounalistin und Schriftstellerin und wunderbaren Frau herausgebene Skizzen, Aufsätze und Betrachtungen (von Sabine und Marco Magnani, *KiWi,* 1999).

Wilfried Greiner – Bernhard Pelze: Rom – Ruinen erzählen alltägliches Leben im alten Rom (Böhlau), sozusagen Archäologie und alte Geschichte von unten.

Rom Caput Mundi – Rom Hauptstadt der Welt, hrsg. und übersetzt von Franz Peter Waiblinger, lateinische Texte, Rom betreffend, im Original und in deutscher Übersetzung (*dtv*). Vom gleichen Herausgeber stammt

auch die sehr schöne Sammlung *ROM. Ein literarischer Reiseführer (Wissenschaftliche Buchgesellschaft)*.
Im *Insel-Verlag* ist das Lesebuch *ROM – ein literarisches Porträt* erschienen, hrsg. von Michael Worbs, und bei *DuMont* das Buch des seit vielen Jahren in Rom ansässigen kenntnisreichen Journalisten Heinz Joachim Fischer *Rom. Ein Reisebegleiter.*
Auf ein ganz besonderes Buch sei auch hingewiesen. Man weiß ja, zwar nicht aus der »Italienischen Reise«, kann es aber aus dem entnehmen, was Herder in seinen römischen Erinnerungen schrieb, der kurz nach Goethe in Rom war, daß der Dichterfürst sich dort nicht immer olympisch verhalten hatte. Roberto Zapperi hat das in seinem Buch *Das Inkognito. Goethes ganz andere Existenz in Rom* geistreich aufgearbeitet.
Und schließlich sei noch auf das jüngste, der Stadt Rom gewidmete *Merian*-Heft hingewiesen (2002).

Unüberschaubar ist natürlich die Romliteratur der deutschen Romliebhaber (oder -hasser wie Rolf Dieter Brinkmann, der sein zum Glück vergriffenes *Rom. Blikke* seinem Stipendiatenaufenthalt in der Villa Massimo hinterhergeschleudert hat) – angefangen von der »Italienischen Reise« Goethes bis zu Werner Bergengruens *Römisches Erinnerungsbuch*, ein sehr persönliches Werk, das 2000 von *Herder Roma* (und nur dort erhältlich) als Reprint herausgegeben wurde. Dazu zählt, wenngleich auch mit informativem Anspruch, der gute, alte, immer noch höchst (wenngleich mit Vorsicht, weil er jedes noch so abwegige Wunder glaubt) lesbare *Eckart Peterich*, dessen umfangreiches Rom-Kapitel als eigener Band 1999 erschienen ist (*Prestel* oder *dtv*).

Briganten am Wege – Deutsche Reisende und das Abenteuer Italien, hrsg. von Dieter Richter *(Insel TB),* tröstet über die heutige Unbill des Italienreisenden mit der Schilderung dessen hinweg, was Reisende früher auszustehen hatten.

Darstellungen der römischen Geschichte und der Geschichte der Stadt Rom gibt es viele, von umfassenden Darstellungen bis zu Einzeluntersuchungen speziellster Art. Es sei hier nur auf einige Werke hingewiesen, ohne damit andere Werke mißachten zu wollen: *Ingemar König: Kleine römische Geschichte (Reclam 2001),* komprimiert, übersichtlich und zuverlässig, *Richard Krautheimer: Rom, Schicksal einer Stadt 312–1308,* und immer noch und immer wieder und nicht genug zu bewundern, so umfassend wie flüssig, um nicht gar zu sagen, süffig zu lesen, ein grandioses Werk beispielgebender Geschichtsschreibung: *Ferdinand Gregorovius: Geschichte der Stadt Rom im Mittelalter (dtv,* sieben Bände). Als quasi Ergänzung dazu gibt es die Tagebücher Gregorovius', 1991 zum ersten Mal veröffentlicht.

Hingewiesen sei auch auf zwei spezielle Führer: *Stefan Grundmann: Architekturführer Rom (Edition Axel Menges 1997),* chronologisch geordnete genaue Erfassung von 400 Bauwerken, und unbescheidenerweise auf des Autors dieses Büchleins eigenen Kirchenführer *Hundert Kirchen in Rom (Edition Leipzig),* was also ein reiner Führer zu und durch eine Auswahl römischer Kirchen ist, allerdings nicht geeignet für sehr fromme Seelen; einer solchen Seele ist dieses Buch in die Hände gefallen, und sie hat dem Verlag geschrieben, daß sie den Papst unterrichten werde, damit der das Buch verbiete. Das Buch enthält im übrigen auch *eine* Kirche, die es nicht gibt. Wer die herausfindet, bekommt vom Autor 99 (i. W. neunundneunzig) Tage fast vollkommenen Ablasses.

Das derzeit umfassendste und aktuellste Standardwerk ist *Bernard Andreae: Römische Kunst* (nicht nur über Kunst der Stadt Rom), bei *Herder* erschienen.

Es gibt (fast an allen Zeitungskiosken zu haben) mehr oder weniger gute Stadtpläne. Der derzeit beste ist *ROMA METRO-BUS* mit allen Linien der öffentlichen Verkehrsmittel, Edizione Lozzi, 5,20 Euro. In dem Zusammenhang ist auch auf die neuerdings eingerichteten Informationsstände hinzuweisen, das sind grüne Pavillons auf allen größeren Plätzen der Stadt. Dort erhält man, meist nicht nur in italienisch, gute und zutreffende Auskünfte über Öffnungszeiten, Veranstaltungen, Ereignisse usf. Und bekommt alle möglichen Prospekte (kostenlos).

Ganz zum Schluß möchte ich auf eine Trouvaille für den fortgeschrittenen Romfreund hinweisen: 1984 ist als Insel-Taschenbuch eine kommentierte, zum Teil zweisprachige Auswahl der so liebenswürdigen wie bissigen Sonette Bellis erschienen: *»Die Wahrheiten des G. G. Belli«*, herausgegeben von Otto Ernst Rock. Wer mit dem Bus nach Trastevere hinüberfährt und an der turbulenten *Piazza Sonino* aussteigt, sieht dort ein eigenartiges, ganz unheldisches Denkmal: An eine Brunnenbrüstung gelehnt steht ein marmorner Mann im Zylinder, ganz in Zivil. Das ist *Giuseppe Gioacchino*

Belli (1791–1863), der 2000 Sonette im trasteveranischen Dialekt geschrieben hat. Ganz in der bewußten Tradition altrömischer Satiriker schrieb Belli seine beißenden, geistreichen, oft deftigen und obszönen und immer kritischen Verse gegen die verkrustete Klerikal-Herrschaft im Rom des XIX. Jahrhunderts. Der alte, fromm gewordene Belli wollte seine Sonette verbrennen – ausgerechnet ein Bischof rettete sie. Mit den geschichtlichen Zwischenbemerkungen Otto Ernst Rocks und den Kommentaren ist das Buch eine hochamüsante, aber auch erschütternde Chronik jener letzten sozusagen mittelalterlichen Jahre Roms, bevor es die neue Hauptstadt Italiens wurde.

Rom in der Musik

Auch auf Musiker hat Rom in ähnlicher Weise Anziehungskraft ausgeübt wie auf Literaten und Maler. Seit fast zweihundert Jahren schickt die französische Regierung Stipendiaten, die den »Prix de Rome« gewonnen haben, in die Villa Medici auf dem Pincio. Es gibt kaum einen großen Namen in der französischen Musikgeschichte, der nicht in der Liste der Rom-Stipendiaten der Villa Medici aufscheint. Aber auch Musiker anderer Herkunft waren von Rom fasziniert und haben versucht, der Stadt oder einem ihrer Monumente in ihrer Musik Ausdruck zu verleihen.

Der Satz »Colosseum« im Zyklus »Bilder einer Ausstellung« von Mussorgski gehört ebenso dazu wie die Ouvertüre »Le Carneval Romain« von Hector Berlioz.

Georges Bizet hat eine Tondichtung »Rome« geschrieben und Camille Saint-Saëns eine Symphonie »Urbs Roma«. Richard Strauss' Symphonische Phantasie op. 16 »Aus Italien« spielt, wenn man so sagen kann, zu zwei Sätzen in Rom: Der erste Satz ist überschrieben »Auf der Campagna« und der zweite »In Roms Ruinen«; der Komponist hat dem noch die Bemerkung beigefügt: »Fantastische Bilder entschwundener Herrlichkeit, Gefühle der Wehmut und des Schmerzes inmitten sonnigster Gegenwart.«
Vielleicht am berühmtesten sind die drei Zyklen impressionistischer Ton-Poeme von Ottorino Respighi: »Fontane di Roma«, »Pini di Roma« und »Feste romane«. Aber auch weniger bekannte Komponisten haben dem Geist der Stadt Tribut gezollt: etwa Joseph Marx »Castelli Romani« für Klavier und Orchester (1929/30) oder George Rochberg »La bocca della verità« für Oboe und Klavier (1958/59).

Oft hat Rom als Opernkulisse gedient, sei es das antike Rom wie in Arrigo Boitos »Nerone« und in unzähligen Barockopern von Monteverdis »L'incoronazione di Poppea« bis zu Händels »Agrippina«, oder sei es das mittelalterliche in Wagners »Rienzi«. Auch Mozarts »Titus« spielt in Rom, und eine der schönsten Stellen in Pfitzners »Palestrina« ist der Schluß des ersten Aktes, wenn in der Morgendämmerung von draußen immer lauter werdend der Klang der Glocken Roms in die Studierstube des Meisters dringt – auch wenn die Glocken Roms in der Realität so nie zu hören sind. »Benvenuto Cellini« von Berlioz gehört hierher (aus welcher die oben genannte Ouvertüre stammt), eine Szene von

Giuseppe Sinopolis Oper »Lou Salomé« spielt in der Peterskirche, und das Vorspiel zum dritten Akt »Tannhäuser« von Wagner schildert Rom. Puccini hat ein Lied »Inno di Roma« geschrieben, aber das Römische schlechthin in der Musik ist natürlich seine »Tosca«, auf die schon im Lauf der Erzählung die Rede gekommen ist. Die Oper, nach einem Text von Illica und Giacosa, nach einem Theaterstück von Victorien Sardou, wurde am 14. Januar 1900 am Teatro Costanzi, der heutigen Opera di Roma, uraufgeführt. Fern von Rom, wo ich leben muß, denke ich mich vor der Bar Sant' Eustachio sitzend, erinnere mich an das Sternbild der Dioskuren, das über der Schneckenkuppel von Sant' Ivo leuchtet, und dann singt Cavaradossi in mir: »E lucevan le stelle ...«

Öffnungszeiten und sonstige nützliche Hinweise:

Die *Kirchen* sind – soweit nicht grad »in restauro« – den ganzen Tag mit Ausnahme der Mittagszeit (12 Uhr bis 15 oder 16 Uhr) geöffnet, mit Ausnahme der Peterskirche, die den ganzen Tag geöffnet ist, nicht aber für Besucherinnen mit zu kurzen oder zu offenherzigen Kleidern. Der Papst, ohnedies hinfällig, könnte erschrecken. Deshalb weisen Kustoden solche Damen ab. *Forum und Palatin* sind von 9 Uhr bis eine Stunde vor Sonnenuntergang geöffnet, der Eintritt ins Forum ist frei, für den Palatin muß man dann am Anstieg zum Clivus Palatinus hinterm Titusbogen Karten lösen: 6,20 Euro – aber Achtung! EU-Bürger unter 18 und über 60 Jahre haben freien Eintritt wie in allen staat-

lichen Museen Italiens (Ausweis mitnehmen!) – nicht also in städtischen Museen und in den Vaticanischen.
Etruskisches Museum, Piazzale di Villa Giulia, 9, 9 bis 19 Uhr, sonntags 9 bis 20 Uhr, montags geschlossen, vom 1. Juni bis 30. September samstags auch von 21 bis 23:45 Uhr. Eintritt 4,13 Euro.
Capitolinische Museen: täglich (auch montags!) 10 bis 21 Uhr, Eintritt 6,20 Euro – gilt für *beide* Museen.
Centrale Montemartini, Viale Ostiense, 106: von 10 bis 18 Uhr, samstags und sonntags 10 bis 19 Uhr, montags geschlossen. Eintritt 6,20 Euro.
Museo Barracco, Corso Vittorio Emanuele II, 158, 9 bis 19 Uhr. Sonntags 9 bis 13 Uhr.
Museo Nazionale Romano, besteht aus fünf Museen: das eigentliche Thermen-Museum, das allerdings zur Zeit geschlossen ist, die Aula Ottagona, Via Romita, 9 bis 14 Uhr, an Feiertagen 9 bis 13 Uhr, montags geschlossen.
Palazzo Massimo, Piazza die Cinquecento, 67, 9 bis 19 Uhr, an Feiertagen 9 bis 19:45 Uhr, montags geschlossen. Abendöffnung wie Etruskisches Museum; Krypta Balbi, Via delle Botteghe Oscure, 31, 9 bis 19 Uhr, sonntags bis 20 Uhr, montags geschlossen; Palazzo Altemps, Öffnungszeiten wie Palazzo Massimo.
Domus Aurea: täglich von 9 bis 20 Uhr, obligatorische Voranmeldung, Tel.: 06.397.499.07 oder 06.481.55.76.
Galleria Borghese: 9 bis 19 Uhr, an Sonn- und Feiertagen bis 20 Uhr, montags geschlossen, obligatorische Voranmeldung: 06.854.85.77.
Vaticanische Museen und Sixtinische Kapelle: Montag bis Freitag 8:45 bis 16:45 Uhr, letzter Einlaß 15:45 Uhr, Samstag 8:45 bis 13:45, letzter Einlaß 12:45 Uhr, jeweils

am letzten Sonntag im Monat bei freiem Eintritt geöffnet. Dazu die Empfehlung, da die Vaticanischen Museen ständig stark überlaufen sind: entweder schon kurz vor Öffnung am Eingang warten und dann (wenn man die Sistina ohne Rummel sehen will) durch bis zur Kapelle, oder kurz vor Schluß des Einlasses, dann sind nämlich alle japanischen Reisegruppen schon beim Essen.

Colosseum: Dienstag bis Sonntag 9 Uhr bis eine Stunde vor Sonnenuntergang.

Museo delle mura di Roma (Mauermuseum), Via porta S. Sebastiano, 118, 9 bis 19 Uhr, montags geschlossen.

Pantheon, Piazza delle Rotonda, werktags 9 bis 18:30 Uhr, sonn- u. feiertags 9 bis 13 Uhr, vom 1. Juni bis 30. September am Samstag auch von 21 bis 23:45 Uhr, Eintritt frei – aber man bedenke vielleicht doch, daß man eine Kirche betritt!

Museo della Civiltà Romana, Piazza G. Agnelli, 10, werktags 9 bis 19 Uhr, sonn- und feiertags 9 bis 13 Uhr, montags geschlossen.

Museum und Palazzo Venezia, Via del Plebiscito, 118, 9 bis 14 Uhr, montags geschlossen.

Museum der Galleria Borghese, Piazza Scipione Borghese, 5, werktags 9 bis 19 Uhr, sonn- und feiertags bis 20 Uhr, montags geschlossen. Voranmeldung ist zwingend vorgeschrieben, und es hat (fast) keinen Sinn, ohne Voranmeldung zu kommen, es sei denn, man riskiert es kurz vor Kassenschluß, dann kann es sein, daß man nicht abgeholte Karten bekommt. Telefonische Voranmeldung: 06.854.85.77.

Engelsburg, Lungotevere Castello, 50, 9 bis 20 Uhr, montags geschlossen.

Galeria nazionale d'arte moderna e contempoanea, Viale delle Belle Arti, 131, 9 bis 19 Uhr, sonntags bis 20 Uhr, montags geschlossen.
Museo Napoleonico, Piazza Ponte Umberto, 11, 9 bis 19 Uhr, montags geschlossen.
Cimitero acattolico (Protestantischer Friedhof), Via Caio Cestio, 6, von Dienstag bis Donnerstag 9 bis 17 Uhr, im Sommer bis 18 Uhr. Es gibt eine alte Abteilung: vom Tor aus geradeaus und links (das Grab von Goethes Sohn ungefähr geradeaus-schräg links bis nach oben vor der Mauer), vom Eingang aus rechts ist der neue Teil mit den ganz kleinen schmucklosen Gräbern aus neuer Zeit.

Dieses Buch zu schreiben wäre nicht möglich gewesen ohne die Hilfe meiner römischen Freunde. Prof. Lothar Pauckner habe ich oben im Zusammenhang mit dem Sixtus-Grab schon gedacht, und ich wiederhole hier den leider nur postumen Dank.
Des weiteren danke ich Frau Dr. Elisabeth Wolken, Karl Alfred Wolken, Andreas Englisch und seiner Frau und Dr. Heinz Joachim Fischer und seiner Frau, Prof. Dr. Bernard Andreae, Erich Kusch und Sabine Baier-Seeger und meinem römischen Freund Dr. Wilhelm Krammer, dem ja dankend das ganze Büchlein gewidmet ist.
Ganz besonders zu Dank verpflichtet bin ich Frau Bettina Bolli-Ackermann, der Leiterin der Buchhandlung Herder, die die Neuausgabe und die Neubearbeitung dieses Buches mit Rat und Tat unterstützt hat.

EPPAN, 20. Juni 2002
(MMDCCLIV a. u. c.)

Herbert Rosendorfer
Kadon, ehemaliger Gott

Roman
Gebunden

Die Felswerdung des Barons

Nach einem Schiffsunglück vor der entlegenen Insel St. Gefion können sich von den 800 Menschen an Bord nur achtzehn auf das unwirtliche Eiland retten, darunter der Ich-Erzähler, der, wie sich bald herausstellt, Einzige, der überleben wird. Die anderen gehen überwiegend in den Stürmen um die eisige, aber überraschenderweise essbare Insel verloren.

Die komisch-poetische Predigt eines abgehalfterten Gottes, ein wundersamer, unterhaltsam-nachdenklicher Roman von Herbert Rosendorfer.

www.kiwi-koeln.de

Paperbacks bei Kiepenheuer & Witsch

Herbert Rosendorfer
Venedig
Eine Einladung

KiWi 303
Originalausgabe

Noch gibt es Venedig, diese Stadt, die längst zum Traum ihrer eigenen Schönheit und Vergangenheit geworden ist. Rosendorfer nimmt uns mit auf die gewundenen Wege ihrer Entwicklung und Topographie und führt uns in die Einzigartigkeit ihrer Symbiose aus Natur, Geschichte, Reichtum und Kunst ein. Seine Einladung ist dringend, Venedig, dieses Wunder einer »Inszenierung« des Lebens, bald zu besuchen, bevor es stirbt.

www.kiwi-koeln.de

Paperbacks bei Kiepenheuer & Witsch

Herbert Rosendorfer
Der China-Schmitt
Neue Geschichten

KiWi 517
Originalausgabe

Auch Herbert Rosendorfers neue Geschichten, unterhaltsam, amüsant und nicht ohne Bosheit, stellen sich unerschrocken den ewig neuen Erscheinungsformen menschlichen Irrsinns.

www.kiwi-koeln.de

Paperbacks bei Kiepenheuer & Witsch

Herbert Rosendorfer
Die Schönschreibübungen des Gilbert Hasdrubal Koch
Roman

KiWi 617
Originalausgabe

»Ich lüge mir Wahrheiten zusammen.« – Herbert Rosendorfer liefert einen weiteren Beweis seines durchaus nicht behaglichen Humors.

»Rosendorfer – pardon, Gilbert Hasdrubal Koch – treibt das Räsonieren auf die Spitze. Mit Ironie und Witz rückt er menschlichen Macken und modischen Trends auf den Leib.« *Berliner Morgenpost*

www.kiwi-koeln.de

Paperbacks bei Kiepenheuer & Witsch

Herbert Rosendorfer
Absterbende Gemütlichkeit
Zwölf Geschichten aus der Mitte der Welt

KiWi 556

Herbert Rosendorfers »Zwölf Geschichten aus der Mitte der Welt« sind mit hintersinnigem Humor und grimmiger Hellsichtigkeit geschriebene Burlesken aus der Welt des Kleinbürgertums, das in seiner dämonischen Normalität alles zu überleben in der Lage ist.

»Er läßt niemals einen Zweifel daran, daß sein Glaube an die Magie des Erzählens ungebrochen ist und sein Interesse am Aberwitz der einzelnen Existenz immer wach.« *taz*

www.kiwi-koeln.de

Paperbacks bei Kiepenheuer & Witsch

Herbert Rosendorfer
Ungeplante Abgänge
Zwei neue Geschichten aus der Mitte der Welt

KiWi 476
Originalausgabe

Herbert Rosendorfers Gespür für die menschliche Gemeinheit und den grassierenden Schwachsinn in manchen Institutionen findet auch in diesen beiden neuen Erzählungen den denkbar komischsten Ausdruck. Wie scheinbar harmlose Vorgänge die haarsträubendsten Konsequenzen haben können und warum, das kann niemand besser und vergnüglicher erzählen als dieser Autor.

www.kiwi-koeln.de

Paperbacks bei Kiepenheuer & Witsch

Herbert Rosendorfer
Das selbstfahrende Bett
Eine Sternfahrt

KiWi 420
Originalausgabe

Diese bislang unveröffentlichte Erzählung von Herbert Rosendorfer ist ein Kabinettstück des Rosendorferschen Humors, seiner meisterhaften Charakterzeichnung und Handlungsführung. Die Geschichte einiger mehr oder minder liebenswerter Figuren sowie der durchschlagenden Wirkung eines Renaissancebettes.

www.kiwi-koeln.de